A PSICOLOGIA
FINANCEIRA

MORGAN HOUSEL

A PSICOLOGIA FINANCEIRA

LIÇÕES ATEMPORAIS SOBRE
FORTUNA, GANÂNCIA E FELICIDADE

Tradução
Roberta Clapp e Bruno Fiuza

Rio de Janeiro, 2023

Copyright © 2020 by Morgan Housel
All rights reserved.
Título original: The Psychology of Money
Copyright de tradução © 2021 por Harper*Collins* Brasil

Originally published in the UK by Harriman House Ltd in 2020, www.harriman-house.com.

Todos os direitos desta publicação são reservados à Casa dos Livros Editora LTDA.

Nenhuma parte desta obra pode ser apropriada e estocada em sistema de banco de dados ou processo similar, em qualquer forma ou meio, seja eletrônico, de fotocópia, gravação etc., sem a permissão do detentor do copyright.

Diretora editorial: *Raquel Cozer*

Gerente editorial: *Alice Mello*

Editor: *Ulisses Teixeira*

Preparação: *Daiane Cardoso*

Revisão: *Marina Góes*

Capa: *Christopher Parker*

Adaptação de capa: *Guilherme Peres*

Diagramação: *Abreu's System*

Dados Internacionais de Catalogação na Publicação (CIP)
(Câmara Brasileira do Livro, SP, Brasil)

Housel, Morgan
  A psicologia financeira: lições atemporais sobre fortuna, ganância e felicidade / Morgan Housel; tradução Roberta Clapp, Bruno Fiuza. – 1. ed. – Rio de Janeiro, RJ: Harper Collins Brasil, 2021.

  Título original: The Psychology of Money
  ISBN 978-65-5511-110-1

  1. Economia 2. Educação financeira 3. Finanças 4. Psicologia I. Título.

21-54507   CDD-150

Índices para catálogo sistemático:
1. Psicologia   150

Aline Graziele Benitez – Bibliotecária – CRB-1/3129

Os pontos de vista desta obra são de responsabilidade de seu autor, não refletindo necessariamente a posição da HarperCollins Brasil, da HarperCollins Publishers ou de sua equipe editorial.

HarperCollins Brasil é uma marca licenciada à Casa dos Livros Editora LTDA.
Todos os direitos reservados à Casa dos Livros Editora LTDA.
Rua da Quitanda, 86, sala 601A — Centro
Rio de Janeiro, RJ — CEP 20091-005
Tel.: (21) 3175-1030
www.harpercollins.com.br

Para
Meus pais, que me ensinam.
Gretchen, que me guia.
Miles e Reese, que me inspiram.

SUMÁRIO

Introdução: O maior espetáculo da Terra — 11
1. Ninguém é maluco — 21
2. Sorte & Risco — 37
3. Nada é o suficiente — 53
4. Compostos e confusos — 65
5. Ficar rico *versus* continuar rico — 75
6. Devagar e sempre — 91
7. Liberdade — 107
8. O paradoxo do dono do carro — 119
9. Fortuna é aquilo que você não vê — 123
10. Guarde dinheiro — 131
11. Razoável > Racional — 143
12. Surpresa! — 155
13. Margem para imprevistos — 171
14. Você vai mudar — 185
15. Nada é de graça — 195
16. Você & Eu — 207
17. A sedução do pessimismo — 219
18. Quando você acaba acreditando em qualquer coisa — 237
19. Recapitulando — 253
20. Confissões — 263

Pós-Escrito: Uma breve história sobre por que o consumidor americano pensa da forma que pensa — 275

Notas — 297

Agradecimentos — 301

"Gênio é o homem capaz de tomar uma atitude mediana quando todos à sua volta não têm ideia do que fazer."
– Napoleão

"O mundo é repleto de coisas óbvias que ninguém, em hipótese alguma, observa."
– Sherlock Holmes

INTRODUÇÃO:
O maior espetáculo da Terra

Durante a faculdade, trabalhei como manobrista em um hotel chique de Los Angeles.

Um hóspede recorrente era um executivo da área de tecnologia. Ele era um gênio que, aos 20 anos, projetara e patenteara um componente essencial em roteadores Wi-Fi. Fundara e vendera várias empresas. Era extremamente bem-sucedido.

Além disso, ele tinha um relacionamento com dinheiro que eu descreveria como um misto de insegurança e inconsequência infantil.

O homem sempre andava com um maço enorme de notas de cem dólares, que exibia para todos que queriam ver e para muitos que não queriam. Quando estava bêbado, quase sempre se gabava da sua riqueza em alto e bom som, para todo mundo ouvir, e a troco de nada.

Certo dia, ele entregou milhares de dólares em espécie a um dos meus colegas e disse: "Vá na joalheria que tem aqui perto e compre umas moedas de ouro de mil dólares."

Após uma hora, com as moedas em mãos, o executivo de tecnologia e seus amigos foram até um cais com vista para o oceano Pacífico. Começaram, então, a jogar as moedas no mar, fazendo-as quicar como se fossem pedrinhas, gargalhando enquanto discutiam sobre quem conseguira fazer as moedas chegarem mais longe. Só por diversão.

Alguns dias depois, ele quebrou uma luminária do restaurante do hotel. O gerente disse ao executivo que era uma luminária de quinhentos dólares e que ele teria que arcar com o prejuízo.

"Você quer quinhentos dólares?", perguntou o homem, incrédulo, enquanto tirava notas do bolso e entregava ao gerente. "Aqui tem 5 mil dólares. Agora saia da minha frente e nunca mais me insulte assim de novo."

Você deve estar se perguntando por quanto tempo é possível manter esse tipo de comportamento, e a resposta é "bem pouco". Alguns anos depois, descobri que o executivo tinha perdido tudo.

A premissa deste livro é que o sucesso financeiro tem menos a ver com a sua inteligência e muito mais a ver com o seu comportamento. E a forma como alguém se comporta é uma coisa difícil de se ensinar, mesmo para pessoas bastante inteligentes.

Um gênio que não consegue controlar as suas emoções pode se tornar um desastre financeiro. O oposto também é verdade. Pessoas comuns sem nenhuma educação financeira são capazes de conquistar riqueza desde que tenham uma meia dúzia de habilidades comportamentais que não estão relacionadas aos métodos formais de medição de inteligência.

Meu verbete preferido da Wikipédia começa assim: "Ronald James Read foi um filantropo, investidor, faxineiro e frentista dos Estados Unidos da América."

Ronald Read nasceu na zona rural de Vermont. Foi a primeira pessoa da sua família a concluir o ensino médio, e o fato de que ele precisava pegar carona todos os dias para chegar à escola torna a coisa toda ainda mais impressionante.

Para quem conhecia Ronald Read, não havia muito mais a ser dito. Sua vida era realmente tão discreta quanto parece.

Read passou 25 anos consertando carros em um posto de gasolina e 17 anos varrendo o chão em uma filial da JCPenney, uma rede de loja de departamentos. Aos 38 anos, comprou uma casa de dois quartos por 12 mil dólares, e viveu nela pelo resto da vida. Ficou viúvo aos 50 e não voltou a se casar. Um amigo contou que o principal hobby de Read era cortar lenha.

Read morreu em 2014, aos 92 anos. Foi quando o humilde faxineiro da zona rural ganhou as manchetes do mundo todo.

Ao todo, 2.813.503 americanos morreram em 2014. Menos de 4 mil tinham um patrimônio líquido de mais de 8 milhões de dólares quando faleceram. Ronald Read era um deles.

No testamento, o ex-faxineiro deixou 2 milhões de dólares para os enteados e mais de 6 milhões para o hospital e para a biblioteca da cidade.

Todos que conheciam Read ficaram perplexos. Onde ele tinha conseguido tanto dinheiro?

No fim das contas, não havia nenhuma história secreta. Nada de bilhete de loteria ou herança. Read guardou o pouco que podia e investiu em ações "blue chips", ou seja, ações de primeira linha. Em seguida, passou décadas esperando aquele pequeno investimento inicial render e alcançar 8 milhões de dólares.

Simples assim. De faxineiro a filantropo.

Poucos meses antes da morte de Ronald Read, um homem de nome Richard também chamara a atenção dos jornais.

Richard Fuscone era tudo que Ronald Read não era. Fuscone, um executivo do banco Merrill Lynch formado em Harvard e com pós-graduação, teve uma carreira tão bem-sucedida no mercado financeiro que se aposentou aos 40 anos e se tornou filantropo. David Komansky, ex-CEO do Merrill Lynch, elogiou o "talento para os negócios, a capacidade de liderança, o bom senso e a integridade pessoal" de Fuscone.[1] A revista *Crain*, especializada em negócios, o incluiu em uma das suas listas de "40 empresários de sucesso com menos de 40 anos".[2]

Mas eis que — à semelhança do executivo de tecnologia que jogava moedas de ouro no mar —, tudo veio abaixo.

Em meados dos anos 2000, Fuscone fez um grande empréstimo para expandir uma mansão de mais 1,5 mil metros quadrados em Greenwich, Connecticut, que tinha onze banheiros, dois elevadores, duas piscinas e sete garagens, e cujos custos de manutenção eram superiores a 90 mil dólares por mês.

E então veio a crise financeira de 2008.

A crise afetou as finanças de quase todo mundo e, aparentemente, transformou o dinheiro de Fuscone em pó. Dívidas altas e ativos sem liquidez o levaram à falência. "Neste momento, não tenho nenhuma fonte de renda", declarou ele a um juiz de falências em 2008.

Primeiro, sua casa de Palm Beach foi executada. Em 2014, foi a vez da mansão de Greenwich.

Cinco meses antes de Ronald Read deixar sua fortuna para a caridade, a mansão de Richard Fuscone — onde os convidados se lembravam da "emoção de jantar e dançar em um piso transparente sobre a piscina interna da casa" — foi vendida em um leilão de execução hipotecária por um valor 75% menor do que o da avaliação feita por uma seguradora.[3]

Ronald Read era paciente; Richard Fuscone, ganancioso. Isso foi o suficiente para que a enorme diferença entre a formação e a experiência deles se tornasse irrelevante.

A lição aqui não é "seja mais como Ronald e menos como Richard" — embora esse não seja um conselho ruim.

O que é fascinante em relação a essas histórias é o quanto elas são exclusivas do mercado financeiro.

Em que outro setor alguém sem diploma universitário, sem treinamento, sem formação, sem experiência formal e sem conexões supera enormemente alguém com a melhor educação, o melhor treinamento e as melhores conexões?

Não consigo pensar em nenhum.

É impossível imaginar uma história na qual Ronald Read faz um transplante de coração melhor do que um cirurgião que estudou em Harvard. Ou na qual ele projeta um arranha-céu melhor do que arquitetos com diplomas de excelentes instituições. Ninguém nunca vai ouvir a história de um faxineiro que superou os melhores engenheiros nucleares do mundo.

Mas histórias assim acontecem no setor financeiro.

O fato de que Ronald Read e Richard Fuscone possam coexistir tem duas explicações possíveis. Uma diz que os resultados financeiros são orientados pela sorte, independentemente de inteligência e esforço. Isso é verdade até certo ponto, e este livro vai tratar do assunto com maior profundidade. A outra (que acredito ser mais comum) diz que o sucesso financeiro não é uma habilidade técnica. É uma habilidade pessoal, na qual o seu comportamento é mais importante do que o seu conhecimento.

Eu chamo essa habilidade pessoal de psicologia financeira. O objetivo deste livro é contar pequenos casos para convencer você de que as habilidades pessoais são mais importantes do que o lado técnico do capital. Vou fazer isso de forma a ajudar todo mundo — desde os mais semelhantes a Read até aqueles que se parecem mais com Fuscone — a tomar decisões financeiras melhores.

Eu descobri que essas habilidades pessoais são muito subestimadas.

A educação financeira é ensinada, em grande parte, como um campo puramente matemático: você preenche os dados em uma fórmula, essa fórmula lhe diz o que fazer, e presume-se que você simplesmente vai seguir a sugestão dela.

Isso acontece nas finanças pessoais, quando nos dizem que é preciso guardar 10% do salário e ter um fundo de emergência equivalente a seis meses de despesas.

Isso acontece no ramo de investimentos, no qual sabemos as correlações históricas exatas entre as taxas de juros e o valor de uma empresa.

E acontece no mundo corporativo, no qual CFOs são capazes de medir o custo preciso do capital.

Não é que essas coisas sejam ruins ou estejam erradas. O problema é que saber o que precisa ser feito não tem relação alguma com o que acontece dentro da sua cabeça quando você tenta fazer a coisa em si.

Dois tópicos afetam a todos, quer você esteja interessado neles ou não: saúde e dinheiro.

A indústria da saúde é uma vitória da ciência moderna, tendo proporcionado um aumento da expectativa de vida no mundo inteiro. As descobertas científicas substituíram velhos conceitos dos médicos sobre como o corpo humano funciona, e, assim, todos estão mais saudáveis hoje por causa disso.

Com a indústria do dinheiro — investimentos, finanças pessoais, planejamento de negócios — é outra história.

O setor financeiro cooptou as mentes mais brilhantes das principais universidades nas últimas duas décadas. Uma década atrás, o curso de engenharia financeira era o mais popular da Princeton's School of Engineering. Existe alguma evidência concreta de que isso nos tornou investidores melhores?

Não encontrei nenhuma.

Por meio de tentativa e erro coletivos ao longo do tempo, nos tornamos melhores agricultores, encanadores mais qualificados e químicos mais sofisticados. Mas o método de tentativa e erro nos ensinou a melhorar as nossas finanças pessoais? Temos menos probabilidade de nos afundarmos em dívidas? É mais provável que tenhamos dinheiro guardado para imprevistos? Ou para a aposentadoria?

Temos uma visão mais realista sobre o que o dinheiro pode, e o que não pode, fazer pela nossa felicidade?

Não encontrei nenhum indício convincente.

Acredito que grande parte disso se deve ao fato de que pensamos e aprendemos sobre o dinheiro de formas parecidas demais com a física (com leis e paradigmas) e parecidas de menos com a psicologia (com emoções e pormenores).

E isso, para mim, é tão fascinante quanto essencial.

O dinheiro está por toda parte, afeta a todos nós e confunde a maioria das pessoas. Todo mundo pensa sobre ele de formas ligeiramente diferentes. Ele oferece lições sobre coisas que se aplicam a diferentes áreas da vida, como risco, confiança e felicidade. Poucos tópicos além do dinheiro mostram um paralelo mais poderoso para nos ajudar a entender por que as pessoas se comportam dessa ou daquela maneira. É um dos maiores espetáculos da Terra.

A abordagem que adoto da psicologia financeira foi moldada por mais de uma década escrevendo sobre o assunto. Comecei a fazer isso no início de 2008. Era o início de uma crise financeira, e a pior recessão enfrentada pelos Estados Unidos em oitenta anos.

Para poder falar sobre o que estava acontecendo, eu precisava descobrir o que estava acontecendo. Porém, a primeira coisa que aprendi depois que crise financeira explodiu foi que ninguém conseguia explicar de forma precisa o que se desenrolava, o porquê e muito menos o que deveria ser feito a respeito. Para cada boa explicação, havia uma refutação igualmente convincente. Engenheiros conseguem determinar a causa do desabamento de uma ponte porque há um consenso de que, se certa quantidade de força for aplicada sobre determinada área, essa área vai colapsar. A física não é controversa. Ela é guiada por leis. Com a economia, é diferente. A economia é guiada pelo comportamento das pessoas. E a forma como eu me comporto pode fazer sentido para mim, mas também pode parecer loucura para você.

Quanto mais eu estudava e escrevia sobre a crise, mais percebia que era possível entendê-la melhor pelas lentes da psicologia e da história do que pela perspectiva da economia.

Para entender por que as pessoas se atolam em dívidas, não é necessário estudar as taxas de juros, mas a história da ganância, da insegurança e do otimismo. Para entender por que investidores se desfazem de ações em meio a um *bear market* (um momento de queda acentuada), não é preciso estudar a matemática dos retornos esperados, mas, sim, pensar na agonia que é olhar para a sua família e se perguntar se os seus investimentos não estão colocando em risco o futuro dela.

Adoro uma observação creditada a Voltaire: "A história não se repete nunca; o homem se repete sempre." Isso se aplica muito bem à forma como nos comportamos em relação ao dinheiro. Em 2018, escrevi um relatório detalhando vinte dos principais erros, vieses e motivos do mau comportamento com dinheiro. O título do relatório era *The Psychology of Money*, e ele foi lido por mais de um milhão de pessoas. Este livro é um mergulho mais profundo no mesmo tópico. Algumas passagens curtas do relatório estão presentes, inalteradas, aqui.

O que você tem em mãos são vinte capítulos, cada um descrevendo o que considero ser uma das características mais importantes, e muitas vezes contraintuitivas, da psicologia financeira. Os capítulos giram em torno de um tema comum, mas existem por conta própria, de modo que podem ser lidos de forma independente.

Este não é um livro extenso. (Não precisa agradecer.) Boa parte dos leitores não lê os livros até o fim porque a maioria dos tópicos não precisa de um sem-número de páginas para serem explicados. Prefiro fazer vinte observações curtas que você vai ler até o fim do que uma só, enorme, que você vai largar na metade.

Vamos lá.

1.
Ninguém é maluco

Suas experiências pessoais com dinheiro respondem por mais ou menos 0,00000001% do que acontece no mundo, mas por cerca de 80% da forma como você acha que o mundo funciona.

Deixe-me contar uma história sobre um problema. Ela pode fazê-lo se sentir melhor em relação a como você usa o seu dinheiro e menos crítico em relação a como os outros usam o deles.

As pessoas fazem coisas malucas quando o assunto é dinheiro. Mas ninguém é maluco. A história é a seguinte: pessoas de gerações diferentes, criadas por pais diferentes que ganharam rendas diferentes e acreditavam em valores diferentes, em partes diferentes do mundo, nascidas em economias diferentes, vivendo em mercados de trabalho diferentes com incentivos diferentes e graus de sorte diferentes, aprendem lições bem diferentes.

Cada pessoa tem uma visão única e particular sobre como as coisas funcionam. E o que você vivencia é mais forte do que aquilo que aprende pelo exemplo de outrem. Então, todo mundo — eu, você, cada um de nós — passa a vida ancorado em um conjunto de pontos de vista sobre como o dinheiro funciona, pontos que variam amplamente de indivíduo para indivíduo. O que parece loucura para você pode fazer sentido completo para mim.

Alguém que cresceu em meio à pobreza pensa sobre risco e recompensa de uma forma que o filho de um banqueiro abastado jamais conseguiria imaginar.

Alguém que cresceu em meio à inflação alta vivenciou algo que a pessoa que passou a vida em uma época de preços estáveis nunca teve que experimentar. O corretor da bolsa que perdeu tudo na Crise de 1929 experimentou algo que o trabalhador da indústria de tecnologia que desfrutou da glória do final dos anos 1990 nunca conseguiria conceber.

O australiano que passou trinta anos sem ver uma recessão pôde experimentar uma coisa que nenhum americano jamais experimentou.

E assim por diante. A lista de experiências é interminável.

Você sabe coisas sobre dinheiro que eu não sei, e vice-versa. Você tem crenças, expectativas e previsões diferentes das minhas. Não porque um de nós é mais inteligente que o outro, ou porque tem informações melhores. É porque tivemos vidas diferentes, moldadas por experiências diferentes, mas com o mesmo poder de influência.

Suas experiências pessoais com dinheiro respondem por mais ou menos 0,00000001% do que acontece no mundo, mas por cerca de 80% da forma como você acha que o mundo funciona. Portanto, pessoas igualmente inteligentes podem discordar sobre como e por que as recessões acontecem, sobre como investir dinheiro, sobre o que deve ser priorizado, sobre quanto risco se deve correr e assim por diante.

No livro que escreveu sobre os Estados Unidos da década de 1930, Frederick Lewis Allen disse que a Crise de 1929 "marcou — profundamente — milhões de americanos pelo resto das suas vidas". Porém, a gama de experiências foi bastante ampla. Vinte e cinco anos depois da publicação do livro, durante a campanha presidencial de 1960, um repórter perguntou ao então candidato John F. Kennedy qual era sua lembrança da Grande Depressão. Kennedy respondeu:

Não sei nada sobre a Grande Depressão por experiência própria. Minha família tinha uma das maiores fortunas do mundo, que passou a valer mais do que nunca. Compramos casas maiores, mais empregados, viajamos mais. A única coisa que vi diretamente foi quando o meu pai contratou alguns jardineiros extras apenas para lhes dar um emprego para que pudessem comer. Não aprendi nada de verdade sobre a Grande Depressão até ler sobre ela em Harvard.

Aquele foi um momento importante da eleição. Como, as pessoas se perguntavam, alguém sem compreensão alguma da maior crise econômica recente poderia ser colocado no comando da economia? Esse fator só foi superado pela experiência de JFK na Segunda Guerra Mundial. Era a outra experiência emocional mais relevante para a geração mais velha, e algo que o seu principal oponente nas primárias do Partido Democrata, Hubert Humphrey, não tinha.

O desafio, para nós, é que nenhum volume de leituras ou de empatia é capaz de recriar genuinamente o poder do medo e da incerteza.

Posso ler sobre como foi perder tudo durante a Grande Depressão. Mas não tenho as cicatrizes emocionais de quem vivenciou aquele momento. E a pessoa que passou pela Crise de 1929 não consegue entender por que alguém como eu é capaz de agir e lidar com tranquilidade em relação a essa crise. Nós vemos o mundo com olhos diferentes.

Há planilhas que nos fornecem um modelo da frequência com que grandes quebras ocorrem ao longo da história no mercado de ações. Contudo, elas não têm como nos oferecer um modelo da sensação de voltar para casa, olhar para os seus filhos e se perguntar se você cometeu um erro que afetará a vida deles para sempre. Estudar história faz você ter a sensação de que entende um fato. No entanto, até que tenha vivido e sentido na pele as consequências dele, você não tem como entendê-lo o bastante para que isso mude o seu comportamento.

Todos nós achamos que sabemos como o mundo funciona. Mas todos nós experimentamos apenas uma pequena fração dele.

Como disse o investidor Michael Batnick: "Algumas lições precisam ser vividas antes de serem compreendidas." Todos somos vítimas, cada um à sua maneira, dessa verdade.

Em 2006, os economistas Ulrike Malmendier e Stefan Nagel, do National Bureau of Economic Research, vasculharam cinquenta anos da Survey of Consumer Finances — uma pesquisa detalhada sobre o que os americanos fazem com o dinheiro que ganham.[4]

Em tese, as pessoas deveriam tomar decisões quanto a investimentos com base nos seus objetivos pessoais e nas particularidades de cada opção de investimento disponível naquele momento.

Porém, não é isso que acontece.

Os economistas descobriram que as decisões sobre investimentos mais importantes da vida das pessoas estão fortemente ancoradas nas experiências que elas tiveram na própria geração — sobretudo nas do início das suas vidas adultas.

Os indivíduos que cresceram em tempos de inflação alta investem menos dinheiro em títulos quando adultos se comparados àqueles que cresceram em tempos de inflação baixa. Aqueles que, por acaso, cresceram quando o mercado de ações estava forte, investem mais em ações quando adultos em comparação àqueles que cresceram em uma época em que as ações estavam fracas.

Os economistas escreveram: "Nossas descobertas sugerem que a predisposição dos investidores individuais em assumir riscos depende do histórico pessoal de cada um."

Não é a inteligência, a formação ou a sofisticação. É simplesmente a sorte de ter nascido no lugar certo na hora certa.

Em 2019, o jornal *Financial Times* entrevistou Bill Gross, o famoso administrador de títulos. "Gross concorda com o fato de que, provavelmente, não estaria onde está hoje se tivesse nascido uma década antes ou depois", dizia o artigo. A carreira dele coincidiu quase perfeitamente com uma geração inteira de queda nas taxas de juros, o que foi um vento favorável para o investimento em ações. Esse tipo de coisa afeta não apenas as oportunidades com as quais você se depara; afeta a forma como você pensa sobre essas oportunidades quando se vê diante delas. Para Gross, títulos eram como máquinas de fazer dinheiro. Para a geração do pai dele, que teve que encarar uma inflação bem mais alta enquanto crescia, costumavam ser vistos como máquinas de queimar dinheiro.

As diferenças na forma de vivenciar o dinheiro costumam variar bastante de pessoa para pessoa, até mesmo entre aquelas que julgamos serem muito semelhantes.

Vejamos as ações, por exemplo. Se você nasceu em 1970, o índice S&P 500 aumentou quase dez vezes, já descontada a inflação, durante a sua adolescência e os seus 20 anos. Esse é um retorno incrível. Se nasceu em 1950, o mercado americano não foi absolutamente a lugar algum durante a sua adolescência e os seus 20 anos, também descontada a inflação. Dois grupos de pessoas, separadas meramente pelo ano de nascimento, passam pela vida com uma visão muito diferente em relação ao funcionamento do mercado de ações:

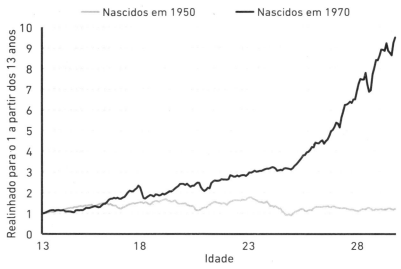

Como estava o mercado de ações americano durante a sua adolescência e os seus 20 anos

Ou então a inflação. Se você nasceu nos Estados Unidos dos anos 1960, a inflação entre a sua adolescência e os seus 20 anos — ou seja, a sua juventude, um período de maior maleabilidade, quando você está desenvolvendo uma base de conhecimento sobre a forma como a economia funciona — fez os preços triplicarem. Isso é muita coisa. Você se lembra das filas nos postos de gasolina e dos salários que acabavam bem mais rápido do que o do mês anterior. No entanto, se nasceu em 1990, a inflação foi tão baixa durante toda a sua vida que você provavelmente nunca nem parou para pensar nela.

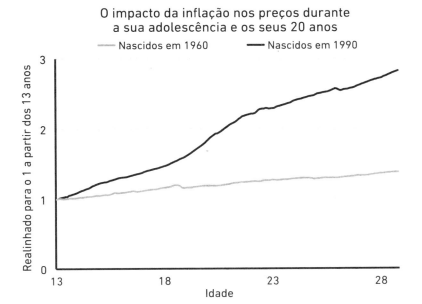

A taxa nacional de desemprego nos Estados Unidos em novembro de 2009 era de cerca de 10%. Porém, a taxa de desemprego para homens afro-americanos entre 16 e 19 anos sem diploma de ensino médio era de 49%. Para mulheres brancas com mais de 45 anos e diploma universitário, era de 4%.

Os mercados de ações da Alemanha e do Japão foram dizimados durante a Segunda Guerra Mundial. Regiões inteiras foram bombardeadas. No final da guerra, as fazendas alemãs só conseguiam produzir alimento suficiente para fornecer mil calorias por dia aos cidadãos do país. Compare isso com os Estados Unidos, onde o mercado de ações mais do que dobrou de valor de 1941 até o final de 1945, e a economia vivia o seu melhor momento em quase duas décadas.

Não faz sentido esperar que os membros de cada um desses grupos passem o restante da vida tendo a mesma visão sobre a inflação. Ou sobre o mercado de ações. Sobre o desemprego. Sobre dinheiro, em geral.

Não faz sentido esperar que essas pessoas respondam a informações sobre finanças da mesma forma. Não faz sentido presumir que serão influenciadas pelos mesmos estímulos.

Não faz sentido esperar que confiem nas mesmas fontes de aconselhamento. Não faz sentido esperar que concordem quanto ao que é mais importante, ao que vale mais a pena, ao que é mais provável de acontecer e a qual seja o melhor caminho a seguir.

A visão dessas pessoas sobre dinheiro foi formada em mundos diferentes. E, quando isso acontece, uma visão sobre dinheiro que um grupo considera ultrajante pode fazer todo o sentido do mundo para o outro.

Alguns anos atrás, o *The New York Times* publicou uma matéria sobre as precárias condições de trabalho da Foxconn, a gigantesca fabricante de aparelhos eletrônicos com sede em Taiwan. Com razão, os leitores ficaram ultrajados. No entanto, uma resposta fascinante veio do sobrinho de uma funcionária chinesa, que escreveu na seção de comentários:

> Minha tia trabalhou vários anos no que os americanos costumam chamar de *"sweatshops"*. Trabalho difícil. Longas jornadas, salário "pequeno", condições de trabalho "precárias". Sabe o que a minha tia fazia antes de trabalhar em uma fábrica dessas? Ela era prostituta.
>
> A ideia de trabalhar em uma *"sweatshop"* em comparação com aquele antigo estilo de vida é uma melhoria, na minha opinião. Sei que a minha tia preferia ser "explorada" por um malvado chefe capitalista por alguns dólares a ter o próprio corpo explorado por vários homens por alguns centavos.

É por isso que me aborreço com o pensamento de muitos americanos. Não temos as mesmas oportunidades que o Ocidente. Nossa infraestrutura governamental é diferente. O país é diferente. Sim, trabalhar na fábrica é horrível. Podia ser melhor? Podia, mas só quando você pensa nos empregos dos americanos.

Eu não sei o que fazer com isso. Parte de mim quer discutir. Parte de mim quer compreender. Mas, acima de tudo, isso é um exemplo de como experiências diferentes podem levar a visões muito distintas quanto a um tópico que um lado acredita, intuitivamente, que deveria ser preto no branco.

Toda decisão financeira que uma pessoa toma é fruto da informação que ela tem à disposição no momento, associada ao seu modelo mental único sobre a forma como o mundo funciona.

Essas pessoas podem estar mal-informadas. Podem ter informações incompletas. Podem ser ruins em matemática. Podem ter sido convencidas por propagandas enganosas. Podem não ter a menor ideia do que estão fazendo. Podem ter avaliado mal as consequências de suas atitudes. Tudo é possível. Mas cada decisão financeira que uma pessoa toma faz sentido para ela naquele momento e está de acordo com os parâmetros que ela própria determina. Ela conta a si mesma uma história sobre o que está fazendo e por que está fazendo — e essa história foi moldada pelas experiências únicas que viveu.

Veja um exemplo simples: bilhetes de loteria.

Os americanos gastam mais com bilhetes de loteria do que os valores que gastam com filmes, videogames, música, eventos esportivos e livros somados.

E quem compra esses bilhetes? Pessoas de baixa renda, em sua maioria.

As famílias de baixa renda nos Estados Unidos gastam em média 412 dólares por ano em bilhetes de loteria, quatro vezes o valor gasto pelas famílias de alta renda. Quarenta por cento dos americanos não conseguem dispor de quatrocentos dólares em uma emergência. Ou seja, aqueles que gastam quatrocentos dólares por ano em bilhetes de loteria são, em geral, os mesmos que dizem que não conseguiriam dispor de quatrocentos dólares em uma emergência. Os fundos de emergência dessas pessoas são desperdiçados em algo que tem a chance de retorno de uma em milhões.

Para mim, isso parece loucura. Provavelmente parece loucura para você também. Contudo, eu não faço parte do grupo de baixa renda. Você provavelmente também não faz. Portanto, é difícil para a maioria de nós compreender intuitivamente o raciocínio das pessoas de baixa renda que compram bilhetes de loteria.

Porém, com um pouco de esforço, talvez você consiga imaginar algo assim:

> Você vive de salário em salário, e guardar dinheiro parece algo impensável. A perspectiva de aumentar esse salário também parece impensável. Você não tem como pagar por férias bacanas, carros novos, plano de saúde ou casas em bairros seguros. Seus filhos não têm acesso à faculdade sem que você assuma uma dívida incapacitante. A maioria das pessoas que leem livros sobre finanças ou já possuem, ou têm uma boa chance de obter, coisas que você jamais terá. Comprar um bilhete de loteria é o único momento da sua vida em que você pode sonhar de modo palpável em conquistar as coisas boas que essas pessoas já têm e com as quais nem precisam se preocupar. Você está comprando o bilhete por um sonho, e essas pessoas não têm como entender

isso, porque elas já estão vivendo um sonho. É por isso que você compra mais bilhetes do que elas.

Você não precisa concordar com esse raciocínio. Comprar bilhetes de loteria quando não se tem dinheiro continua a ser uma péssima ideia. Mas eu consigo entender, de algum modo, por que algumas pessoas continuam comprando esses bilhetes.

E esse conceito de "o que você está fazendo parece loucura para mim, mas, de certa forma, eu entendo" expõe a origem de muitas das nossas decisões financeiras.

Poucas pessoas tomam esse tipo de decisão apenas com base em uma planilha. Elas fazem isso durante um jantar em família ou em uma reunião de negócios. Momentos em que história pessoal, visões singulares do mundo, ego, orgulho, marketing e estímulos improváveis se mesclam para formar uma narrativa que faça sentido para cada indivíduo.

Uma coisa importante, que ajuda a explicar por que é tão complicado tomar decisões financeiras e por que existem tantos comportamentos inadequados, é perceber o quanto esse assunto é recente.

O dinheiro circula entre nós há bastante tempo. Acredita-se que tenha sido o rei Alíates da Lídia, parte da atual Turquia, quem criou a primeira moeda oficial, por volta de 600 a.C. Mas os fundamentos modernos das decisões financeiras — poupar e investir — têm por base conceitos que ainda estão engatinhando.

A aposentadoria, por exemplo. Nos Estados Unidos, ao final do ano de 2018, havia 27 trilhões de dólares investidos em planos de aposentadoria, fazendo dela o principal estímulo das decisões de investimento e de poupança do investidor comum.[5]

No entanto, o conceito de se ter direito a uma aposentadoria existe há, no máximo, duas gerações.

Antes da Segunda Guerra Mundial, a maioria dos americanos trabalhava até morrer. Essa era a expectativa e a realidade. A taxa de participação na força de trabalho de homens com 65 anos ou mais era superior a 50% até os anos 1940:

A Administração do Seguro Social tinha o intuito de mudar isso. Porém, no princípio, seus benefícios nem chegavam perto de ser uma aposentadoria adequada. Quando Ida May Fuller descontou o primeiro cheque do Seguro Social em 1940, ele valia 22,54 dólares, ou 416 dólares hoje em dia, reajustando com a inflação. Foi apenas na década de 1980 que o valor médio do Seguro Social para aposentados ultrapassou mil dólares mensais, já corrigidos pela inflação. Até o final dos anos 1960, o Departamento do Censo classificava mais de um quarto da população americana acima dos 65 anos entre os que viviam em situação de pobreza.

Havia uma crença generalizada de que "todo mundo tinha um plano de previdência privada". Isso, no entanto, é bastante exagerado. O Employee Benefit Research Institute explica: "Apenas um quarto das pessoas com 65 anos ou mais recebia algum tipo de pensão em 1975." Dentre essa sortuda minoria, a pensão representava apenas 15% da renda familiar. Em 1955, o *The New York Times* publicou um artigo sobre o desejo cada vez maior, em contraste com a persistente impossibilidade, que os americanos tinham de se aposentar: "Reformulando um velho ditado: todo mundo está falando em se aposentar, mas, aparentemente, poucos estão fazendo algo a respeito disso."[6]

Foi somente na década de 1980 que surgiu o conceito de que todos mereciam, e deveriam ter, uma aposentadoria digna. Desde então, a forma de obter essa aposentadoria digna tem sido a expectativa de que cada um vai economizar e investir nela do próprio bolso.

É importante reforçar o quanto este conceito é recente: o plano 401(k) — a forma mais comum de poupança para aposentadoria nos Estados Unidos — não existia até 1978. A Roth IRA (*individual retirement account*, ou conta individual de aposentadoria) só surgiu em 1998. Se fosse uma pessoa, mal teria idade para beber.

Não deveria ser motivo de espanto para ninguém o fato de muitos de nós sermos péssimos em guardar dinheiro para a aposentadoria. Ninguém aqui é maluco. Somos novatos, só isso.

A mesma coisa vale para a universidade. O percentual de americanos acima dos 25 anos com diploma de ensino superior passou de menos de 5% em 1940 para 25% em 2015.[7] O custo médio de uma faculdade nesse período aumentou mais de quatro vezes, descontando a inflação.[8] O fato de algo de tal dimensão ter atingido a sociedade com essa rapidez explica, por exemplo, por que tantas pessoas tomaram decisões equivocadas em relação a empréstimos estudantis nos últimos vinte anos. Não há décadas de experiência acumulada de onde podemos tirar alguma lição. Estamos improvisando.

E a mesma coisa também se aplica aos fundos de índice, que têm menos de 50 anos de idade. E os fundos de cobertura, que não haviam decolado até 25 anos atrás. Mesmo o uso generalizado do endividamento do consumidor — prestações imobiliárias, cartões de crédito e empréstimos para a compra de automóveis — só começou após a Segunda Guerra Mundial, quando uma lei sancionada em 1944 pelo presidente Franklin D. Roosevelt tornou mais fácil o empréstimo para milhões de americanos.

Os cachorros foram domesticados há 10 mil anos, e até hoje mantêm alguns comportamentos dos seus ancestrais selvagens. Apesar disso, aqui estamos nós, com algo entre vinte a cinquenta anos de experiência no sistema financeiro moderno, na expectativa de estarmos perfeitamente adaptados.

Em um tema tão sensível ao embate "emoções *versus* fatos", isso é um problema. Porém, esse fator nos ajuda a entender por que nem sempre fazemos o que deveríamos quando o assunto é dinheiro.

Todos fazemos coisas malucas com o dinheiro, porque todos somos relativamente novos neste jogo, mas o que parece maluquice para você pode fazer todo sentido para mim. Só que ninguém é maluco — todo mundo toma decisões com base em experiências pessoais, singulares, que parecem fazer sentido em um determinado momento.

Agora, deixe-me contar a história sobre como Bill Gates ficou rico.

2.
Sorte & Risco

Nada é tão bom nem tão ruim quanto parece.

S orte e risco são irmãos. São a expressão concreta de que todo resultado na vida é guiado por outras forças além do mero esforço individual.

Scott Galloway, professor da Universidade de Nova York, tem uma frase que vale a pena lembrar na hora de avaliar o sucesso — tanto o nosso próprio quanto o dos outros: "Nada é tão bom nem tão ruim quanto parece."

Bill Gates estudou em uma das únicas escolas de ensino médio do mundo que tinha um computador.

Por si só, a história de como a Lakeside School, nos arredores de Seattle, conseguiu um computador já é notável.

Bill Dougall, ex-combatente da marinha americana na Segunda Guerra Mundial, se tornou professor de matemática e ciências. "Ele acreditava que, sem experiência no mundo real, ficar apenas lendo livros não serviria para nada. Ele também percebeu que seria preciso saber alguma coisa sobre computadores antes de entrar para a faculdade", lembrou o falecido cofundador da Microsoft, Paul Allen.

Em 1968, Dougall pediu à associação de mães dos alunos para usar os lucros do brechó que elas organizavam uma vez por ano — cerca de 3 mil dólares — para arrendar um computador Teletype Model 30 conectado a um terminal de mainframe da

General Electric, de modo a usar o recurso de time-sharing. "O conceito de time-sharing na informática tinha sido inventado em 1965", disse Gates mais tarde. "Alguém estava muito bem antenado." A maioria das instituições de pós-graduação não possuía um computador tão avançado quanto aquele a que Bill Gates teve acesso ainda no ensino médio. E o garoto ficou fascinado.

Gates tinha 13 anos em 1968 quando conheceu Paul Allen, seu colega de turma. Allen também estava obcecado pelo computador da escola, e os dois se deram bem na mesma hora.

O computador da Lakeside não fazia parte do currículo principal, mas de um programa de estudo independente. Bill e Paul podiam brincar com ele à vontade, deixando a criatividade correr solta — depois das aulas, tarde da noite, nos fins de semana. Em pouco tempo, os dois se tornaram especialistas em computação.

Allen contou que se lembra de uma vez em que Gates, durante uma dessas sessões noturnas, mostrou a ele uma edição da revista *Fortune* e falou: "Como deve ser comandar uma empresa Fortune 500?" Allen respondeu que não fazia ideia. "Talvez algum dia a gente tenha a nossa própria empresa de computadores", disse Gates. Hoje, a Microsoft vale mais de um trilhão de dólares.

Agora, façamos uma continha rápida.

De acordo com a ONU, havia cerca de 303 milhões de pessoas em idade escolar no mundo em 1968.

Cerca de 18 milhões delas viviam nos Estados Unidos, sendo 270 mil no estado de Washington.

Pouco mais de 100 mil delas viviam na área de Seattle. E apenas cerca de trezentas frequentaram a Lakeside School. Começamos com 303 milhões e terminamos com trezentos.

Apenas um em cada um milhão de estudantes em idade escolar frequentou a instituição de ensino médio que tinha a combinação de dinheiro e visão para conseguir um computador. Bill Gates era um deles.

Gates não tem constrangimento em falar sobre o significado disso. "Se não fosse a Lakeside School, não haveria Microsoft", afirmou aos formandos da escola em 2005.

Mais do que inteligente, Gates é acima de tudo dedicado, e ainda na adolescência teve um insight em relação aos computadores que a maioria dos executivos mais experientes da área não foi capaz de compreender. Ele também teve uma vantagem de um em um milhão ao estudar em Lakeside.

Agora, deixe-me falar um pouco sobre um amigo de Gates, Kent Evans. Ele experimentou uma dose igualmente potente do irmão da sorte, o risco. Bill Gates e Paul Allen se tornaram nomes conhecidos graças ao sucesso da Microsoft. No entanto, a gangue de prodígios da informática da Lakeside School tinha um terceiro integrante.

Kent Evans e Bill Gates se tornaram melhores amigos no último ano do ensino fundamental. Segundo Gates, Evans era o melhor aluno da turma.

Os dois passavam "horas e horas no telefone", conta Gates na série *O código Bill Gates*. "Eu me lembro do número do Kent até hoje", disse ele. "Era 525-7851."

Evans era tão hábil com computadores quanto Gates e Allen. Certa vez, a Lakeside estava tendo dificuldades para montar a grade curricular da escola — um complexo labirinto para fazer com que centenas de alunos assistissem às aulas de que precisavam em horários diferentes. A escola deixou Bill e Kent — duas crianças — a cargo da tarefa de desenvolver um programa de computador para sanar o problema. Funcionou.

E, ao contrário de Paul Allen, Kent tinha a mesma mente voltada para os negócios e a mesma ambição infinita de Gates. "Kent sempre andava com uma maleta enorme, igual a um advogado", recorda Gates. "Estávamos sempre planejando o que fazer dali a cinco ou seis anos. Será que a gente devia virar CEO? Que tipo de mudança seríamos capazes de promover? Será que a gente devia virar general? Ou embaixador?" Fosse o que fosse, Bill e Kent estavam certos de que fariam aquilo juntos.

Ao relembrar a amizade com Kent, Gates fica com a voz embargada. "A gente podia ter continuado a trabalhar junto. Tenho certeza de que teríamos ido para a mesma faculdade." Kent poderia ter sido um dos fundadores da Microsoft, junto com Gates e Allen.

Contudo, isso nunca aconteceu. Kent morreu antes mesmo de terminar o ensino médio, em um acidente quando praticava montanhismo.

Todo ano, ocorrem cerca de trinta mortes devido à prática de montanhismo nos Estados Unidos.[9] A probabilidade de perder a vida em uma montanha durante o ensino médio é de aproximadamente uma em um milhão.

Bill Gates experimentou uma sorte em um milhão ao se matricular na Lakeside School. Kent Evans experimentou um risco em um milhão ao nunca conseguir terminar o que ele e Gates planejavam alcançar. A mesma força, a mesma escala de grandeza, trabalhando em direções opostas.

Sorte e risco são a expressão concreta de que todo resultado na vida é guiado por outras forças além do mero esforço individual. Os dois são tão parecidos que você não tem como acreditar em um sem respeitar o outro na mesma medida. Ambos existem porque o mundo é complexo demais para permitir que 100% das suas ações respondam por 100% dos seus resultados. Ambos são movidos pela mesma força: você é apenas uma pessoa em um jogo com outras sete bilhões de pessoas e um número infinito de peças móveis. O ocasional impacto de ações que estão fora do seu controle pode ter consequências mais profundas do que as ações que você executa conscientemente.

Porém, ambos são tão difíceis de mensurar e de aceitar que muitas vezes passam despercebidos. Para cada Bill Gates existe um Kent Evans igualmente habilidoso e motivado que acabou do lado oposto da roleta da vida.

Quando você passa a dar o devido respeito à sorte e ao risco, percebe que, ao avaliar o sucesso financeiro das pessoas — tanto o seu quanto o dos outros — nada nunca é tão bom ou tão ruim quanto parece.

Anos atrás, perguntei ao economista Robert Shiller, ganhador do Nobel de Economia em 2013: "O que você gostaria de saber sobre investimentos que ainda não foi descoberto?"

"O papel exato que a sorte desempenha em resultados bem-sucedidos", respondeu ele.

Eu adoro essa resposta, porque ninguém duvida, de verdade, que a sorte não desempenha papel algum no sucesso financeiro. Entretanto, devido à dificuldade de mensurá-la e ao fato de que é indelicado sugerir que o sucesso dos outros se deva a ela, nossa postura mais comum é a de ignorar discretamente a sorte enquanto fator responsável pelo sucesso.

Se eu perguntasse: "Há um bilhão de investidores no mundo. Você acha que dez deles podem ter se tornado bilionários essencialmente por obra do acaso, em um golpe de sorte?", você responderia: "Claro." Mas, então, se eu lhe pedisse para citar o nome desses investidores — bem na cara deles —, você provavelmente mudaria de ideia.

Ao avaliar os outros, atribuir o sucesso à sorte nos faz parecer invejosos e mesquinhos, ainda que saibamos que esse tipo de coisa exista. E, ao avaliarmos a nós mesmos, atribuir o sucesso à sorte pode soar desmoralizante. O economista Bhashkar Mazumder mostrou que há uma correlação maior entre a renda de irmãos do que em características como a altura ou o peso. Se você é rico e alto, a probabilidade de o seu irmão também ser rico é maior do que a de ele também ser alto. Acredito que a maioria das pessoas sabe, intuitivamente, que isso é verdade — a qualidade da sua educação e as portas que se abrem para você estão fortemente relacionadas ao status socioeconômico dos seus pais. Mas fale isso para dois irmãos ricos, e eles provavelmente dirão que as descobertas deste estudo não se aplicam a eles.

O mesmo acontece com o fracasso — que pode ser qualquer coisa, desde uma falência a não alcançar uma meta pessoal.

Empresas que vão à falência não se esforçaram o suficiente? Os investimentos que se provaram ruins foram mal planejados? Carreiras estagnadas são culpa da preguiça? Às vezes, sim. É óbvio.

Mas em que medida? É difícil saber. Qualquer coisa que valha a pena conquistar tem probabilidade de sucesso inferior a 100%, e o risco é justamente o que acontece quando você vai parar no lado infeliz dessa equação. Assim como acontece com a sorte, a narrativa fica difícil, confusa e complexa demais quando tentamos determinar o quanto de um determinado desfecho se deve a uma decisão consciente e o quanto dele se deve ao risco.

Digamos que eu compre uma ação e, cinco anos depois, ela não foi a lugar algum. É possível que eu tenha tomado uma decisão errada ao comprá-la. Também é possível que eu tenha tomado uma decisão acertada, que envolvia 80% de chances de lucro, mas acabei indo parar no lado dos infelizes 20%. Como saber qual é qual? Cometi um erro ou apenas vivenciei o risco de forma concreta?

É possível medir, estatisticamente, se algumas decisões foram acertadas ou não. Porém, no mundo real, no dia a dia, não fazemos isso. É complicado. Preferimos as histórias simples, que são menos complexas, mas, com enorme frequência, diabolicamente enganosas.

Depois de passar anos lidando com investidores e líderes empresariais, percebi que o fracasso do outro em geral é atribuído a más decisões, enquanto os nossos costumam ser atribuídos ao lado sombrio do risco. Ao avaliarmos o erro do outro, temos maior propensão a optar por uma história pura e simples de causa e efeito, porque não sabemos o que se passa dentro da cabeça da outra pessoa. "Ele não teve um bom resultado, então tomou uma decisão equivocada" é a história que faz mais sentido para mim. No entanto, ao avaliar a mim mesmo, posso inventar uma narrativa bem mais complexa, justificando todas as minhas decisões passadas e atribuindo os resultados ruins ao risco.

A revista *Forbes* não coloca na capa os investidores falidos que tomaram boas decisões, mas que, ainda assim, experimentaram o lado infeliz do risco. Porém, quase sempre coloca os investidores ricos que tomaram decisões corretas, ou até mesmo imprudentes, e tiveram sorte. Ambos lançaram a mesma moeda, que, por acaso, caiu com um lado diferente virado para cima.

O aspecto perigoso disso é que todos nós estamos tentando aprender o que funciona e o que não funciona em relação ao dinheiro.

Quais estratégias de investimento funcionam? Quais não funcionam? Quais estratégias de negócios funcionam? Quais não funcionam? Como ficar rico? Como evitar ficar pobre?

Nossa tendência é tirar lições observando sucessos e fracassos e dizendo: "Faça o que fulana fez, evite o que beltrano fez."

Se tivéssemos uma varinha de condão, descobriríamos exatamente quais desses resultados se devem a atitudes que podem ser replicadas e aqueles que, de alguma forma, foram influenciados pelo papel aleatório do risco e da sorte. Mas não temos uma varinha de condão. Temos cérebros que preferem respostas fáceis, sem apetite por nuances. Portanto, identificar todas as características que devemos imitar ou evitar pode ser bastante complicado.

Vou contar agora outra história, sobre um sujeito que, assim como Bill Gates, se tornou extremamente bem-sucedido. No entanto, não é fácil determinar se seu sucesso foi fruto de sorte ou de habilidade.

Cornelius Vanderbilt tinha acabado de fechar uma série de negócios para expandir seu império ferroviário.

Um dos conselheiros de negócios dele se arriscou a dizer que cada um dos acordos do conjunto com o qual ele havia concordado infringia a lei.

"Meu Deus, John", disse Vanderbilt. "Você acha mesmo possível operar uma ferrovia de acordo com a legislação do Estado de Nova York?"[10]

Eis meu primeiro pensamento ao ler isso: "Foi por causa dessa atitude que ele se tornou tão bem-sucedido." As leis não previam a existência de ferrovias na época de Vanderbilt. Então, ele pensou "que se dane" e foi em frente. Vanderbilt se tornou muito bem-

-sucedido. Portanto, é tentador enxergar o desprezo dele pelas leis — algo notório e vital para seu sucesso — como um gesto de sabedoria. Aquele visionário não permitia que nada ficasse entre ele e seus planos!

Mas quão perigosa é essa análise? Nenhuma pessoa em sã consciência listaria "infringir a lei" entre os requisitos para o sucesso enquanto empreendedor. Não é difícil imaginar a história de Vanderbilt tomando um rumo bem diferente — um criminoso cuja empresa recém-inaugurada foi por água abaixo devido a imbróglios com a justiça.

Portanto, temos um problema aqui.

Você pode elogiar Vanderbilt por ter desprezado a lei com a mesma paixão com que critica a Enron, companhia de energia falida em 2001, pela mesma atitude. Talvez um tenha tido sorte ao fugir das garras da lei, enquanto a outra se viu no lado do risco.

A história de John D. Rockefeller é semelhante. Suas frequentes tentativas de burlar a lei — certa vez, um juiz falou que a empresa dele não era "melhor do que um ladrãozinho qualquer" — são quase sempre retratadas pelos historiadores como um exemplo de talento para os negócios. Talvez tenham sido. Porém, em que momento a narrativa muda de "Você não deixou que leis ultrapassadas atrapalhassem o seu progresso" para "Você cometeu um crime"? Ou, ainda, quanto a história teria que mudar para que a narrativa passasse de "Rockefeller era um gênio, procure aprender com os sucessos dele" para "Rockefeller era um criminoso, procure aprender com os erros dele"? Muito pouco.

"Que me importa a lei?", disse Vanderbilt certa vez. "Eu tenho poder, não tenho?"

Ele tinha, e tudo deu certo. Mas é fácil imaginar essas palavras como sendo as últimas de uma história com um desfecho bem diferente. A linha que separa o ousado do imprudente pode ser bastante tênue. E, muitas vezes, ela desaparece quando não damos o peso adequado ao risco e à sorte.

Benjamin Graham é tido como um dos maiores investidores de todos os tempos, pai do conceito de investimento em valor e mentor de Warren Buffett. No entanto, a maior parte do sucesso de Benjamin Graham nos investimentos se deveu à posse de uma enorme fatia das ações da seguradora americana GEICO, o que, como o próprio Graham admitiu, quebrava quase todas as regras de diversificação que ele havia estabelecido nos seus escritos. Nesse caso, onde fica a linha tênue que separa ousadia de imprudência? Não sei responder. Graham escreveu sobre sua bonança com as ações da GEICO: "Um golpe de sorte ou uma decisão extremamente perspicaz — é possível diferenciar um do outro?" Não é nada fácil.

Da mesma forma, consideramos Mark Zuckerberg um gênio por ter recusado a oferta de 1 bilhão de dólares que o Yahoo! fez em 2006 pela sua empresa. Ele mirou no futuro e confiou em si mesmo. No entanto, as pessoas criticam com igual vigor o próprio Yahoo! por ter recusado uma grande oferta de compra por parte da Microsoft — aqueles idiotas deviam ter colocado o dinheiro no bolso enquanto ainda tinham tempo! Que lição fica para os empreendedores aqui? Não faço a menor ideia, porque risco e sorte têm contornos difíceis de definir.

Existem diversos exemplos disso.

Inúmeras fortunas (e falências) se devem à alavancagem financeira.

Os melhores (e os piores) gerentes exigem dos seus funcionários o máximo que podem.

"O cliente tem sempre razão" e "O cliente não sabe o que quer" são ambos ditados famosos no mundo dos negócios.

A linha que separa o "inspiradoramente ousado" do "estupidamente imprudente" pode ter um milímetro de espessura e ser visível apenas em retrospectiva.

Risco e sorte são como irmãos gêmeos.

Não é fácil contornar essa questão. A dificuldade em identificar o que é sorte, o que é talento e o que é risco é um dos maiores problemas que enfrentamos ao tentar aprender sobre a melhor forma de administrar o nosso dinheiro.

Contudo, duas coisas podem nos dar uma boa direção.

Tome cuidado com quem você elogia e admira. Tome cuidado com quem você menospreza e procura evitar se tornar.

Ou apenas tome cuidado antes de presumir que a totalidade de um resultado pode ser atribuída ao esforço e às decisões. Quando meu filho nasceu, escrevi a ele uma carta que contém o seguinte trecho:

> Algumas pessoas nascem em famílias que valorizam a educação; outras, que são contra ela. Alguns nascem em economias florescentes que estimulam o empreendedorismo; outros nascem em meio à guerra e à miséria. Quero que você mereça e que conquiste o sucesso. Mas nunca se esqueça de que nem todo sucesso se deve ao trabalho duro, e nem toda pobreza se deve à preguiça. Tenha isso em mente antes de julgar as pessoas, inclusive você mesmo.

Portanto, concentre-se menos nos indivíduos e nos estudos de caso específicos e mais em padrões gerais.

Estudar uma pessoa específica pode ser perigoso, porque temos a tendência de analisar exemplos fora da curva — os bilionários, os CEOs ou os fracassos retumbantes que dominam o noticiário —, e, em geral, esses exemplos são os menos aplicáveis a outras situações, dada a complexidade deles. Quanto mais fora da curva o resultado, menor a probabilidade de que você possa aplicar as lições dele à sua vida, porque será maior a probabilidade de o resultado ter sido influenciado por excessos de sorte ou de risco.

Ao procurar por padrões gerais de sucesso e fracasso, você vai se aproximar mais de ações que podem ser postas em prática. Quanto mais difundido o padrão, mais aplicável ele pode ser à sua vida. Tentar imitar o êxito dos investimentos de Warren Buffett é difícil, porque os resultados são tão extremos que o papel da sorte no desempenho da vida dele é provavelmente muito alto, e sorte não é uma coisa que pode ser reproduzida de forma confiável. Mas perceber, como veremos no Capítulo 7, que as pessoas que têm controle sobre o próprio tempo tendem a ser mais felizes é uma observação ampla e comum com a qual você pode fazer algo de útil.

Meu historiador preferido, Frederick Lewis Allen, passou a carreira retratando a vida do americano médio, comum — como vivia, por quais mudanças passou, com o que trabalhava, o que comia no jantar etc. Há mais lições relevantes que podem ser extraídas desse tipo de observação ampla do que do estudo de personagens fora da curva que tendem a monopolizar o noticiário.

Bill Gates disse certa vez: "O sucesso é um péssimo professor. Ele faz com que pessoas inteligentes acreditem que não vão perder nunca."

Quando as coisas estão indo muito bem, esteja ciente de que nem tudo é tão bom quanto você pensa. Você não é invencível, e se admite que a sorte lhe trouxe o sucesso, então também deve acreditar no irmão dela, o risco, que pode provocar uma reviravolta na sua história com a mesma rapidez.

E o contrário também vale.

Da mesma forma, o fracasso também pode ser um péssimo professor, porque faz com que pessoas inteligentes acreditem que as suas decisões foram péssimas, quando às vezes elas apenas estão considerando a dimensão implacável do risco. O truque para lidar com o fracasso é organizar a vida financeira de forma que um mau investimento aqui e uma meta financeira não alcançada ali não tirem você de campo, de modo a poder continuar jogando até que os números voltem a estar a seu favor.

Porém, o mais importante é que, para além de reconhecer o papel que a sorte desempenha em relação ao sucesso, o papel representado pelo risco significa que devemos nos perdoar e deixar um espaço para a compreensão ao julgar os fracassos.

Nada é tão bom nem tão ruim quanto parece.

Agora, vejamos as histórias de dois homens que abusaram da sorte.

3.
Nada é o suficiente

Mesmo quem já é rico
comete loucuras.

O FUNDADOR DO Vanguard Group, John Bogle, falecido em 2019, contou certa vez uma história sobre dinheiro que evidencia algo a que não costumamos dar a devida atenção:

> Em uma festa oferecida por um bilionário em Shelter Island, o escritor Kurt Vonnegut informa ao amigo e também escritor Joseph Heller que o anfitrião, um administrador de fundos de hedge, ganhou mais dinheiro em um único dia do que Heller ganhou em toda a vida com seu popular romance *Ardil-22*. Heller responde: "Certo, mas eu tenho uma coisa que ele nunca vai ter … o suficiente."
>
> *Suficiente*. Fiquei chocado diante da eloquência simples daquela palavra — e por dois motivos: primeiro, porque eu mesmo também ganhei muita coisa ao longo da vida, e, segundo, porque Joseph Heller não poderia ter sido mais preciso.
>
> Para uma parcela crítica da nossa sociedade, que engloba boa parte dos mais ricos e mais poderosos, parece não haver um limite que defina o que é o "suficiente".

Esse é um conceito fundamental e muito poderoso.

Deixe-me dar dois exemplos dos perigos de não se ter o suficiente e que lições podemos tirar deles.

Rajat Gupta nasceu em Calcutá e ficou órfão na adolescência. Muito se fala sobre a quantidade ínfima de pessoas com o privilégio de ter nascido em berço de ouro. Considerando essa metáfora, Gupta não teve nem mesmo um berço.

Levando em conta esse ponto de partida, é simplesmente fenomenal observar o que ele conquistou.

Por volta dos 45 anos, Gupta era CEO da McKinsey, a empresa de consultoria de maior prestígio do mundo. Ele se aposentou em 2007 para assumir cargos na ONU e no Fórum Econômico Mundial. Tornou-se parceiro de Bill Gates nos trabalhos de filantropia. Integrou o conselho administrativo de cinco empresas de capital aberto. Saído das favelas de Calcutá, Gupta se tornou um dos homens de negócios mais bem-sucedidos do nosso tempo.

Com o sucesso veio uma riqueza enorme. Em 2008, sua fortuna estava avaliada em 100 milhões de dólares.[11] É uma soma insondável para a maioria das pessoas. Uma taxa de retorno de 5% sobre essa quantia rende quase 600 dólares por hora, 24 horas por dia.

Ele poderia ter feito o que quisesse na vida.

E o que ele queria, ao que tudo indicava, não era ser um mero hectamilionário. Rajat Gupta queria ser bilionário. Com todas as suas forças.

Gupta integrava o conselho administrativo do Goldman Sachs, e, portanto, estava sempre rodeado por alguns dos investidores mais ricos do mundo. Um deles, referindo-se às fortunas dos magnatas do *private equity*, descreveu Gupta da seguinte forma: "Acho que ele quer fazer parte desse círculo. O círculo de quem está na casa dos bilhões de dólares, não é? O Goldman está mais para um círculo dos que têm centenas de milhões, certo?"[12]

Certo. Logo, Gupta encontrou um negócio paralelo lucrativo.

Em 2008, quando o Goldman Sachs estava enfrentando a tempestade da crise financeira, Warren Buffett planejava investir 5 bilhões de dólares no banco para ajudá-lo a sobreviver. Como membro do conselho, Gupta teve acesso a essa informação antes do público. E era uma informação valiosa. A sobrevivência do Goldman estava em xeque, e o apoio de Buffett certamente faria com que as ações do banco disparassem.

Dezesseis segundos depois de tomar conhecimento do acordo iminente, Gupta, que havia participado à distância da reunião do conselho, desligou o telefone e ligou para um gerente de fundos de cobertura chamado Raj Rajaratnam. Não há um registro gravado dessa ligação, mas Rajaratnam comprou de imediato 175 mil ações do Goldman Sachs, então podemos presumir o teor da conversa. O acordo entre Buffett e o Goldman foi anunciado para o público algumas horas depois. As ações do banco dispararam. Rajaratnam faturou um milhão de dólares. Esse é apenas um exemplo de um suposto uso de informação privilegiada. A Comissão de Valores Mobiliários dos Estados Unidos afirma que as dicas de Gupta proporcionaram ganhos na ordem de 17 milhões de dólares.

Um dinheiro fácil. E, para os promotores, um caso mais fácil ainda.

Gupta e Rajaratnam foram presos por uso de informações privilegiadas, e suas carreiras e reputações foram arruinadas para sempre.

Vejamos agora o caso de Bernie Madoff. O crime que ele cometeu é bem conhecido. Madoff é o mais notório operador de esquema Ponzi desde Charles Ponzi em pessoa. Ele enganou investidores por duas décadas antes que o crime viesse à tona — ironicamente, poucas semanas após a empreitada de Gupta.

O que costuma ser esquecido é o fato de que Madoff, assim como Gupta, era mais do que um fraudador. Antes de operar o esquema Ponzi que acabou tornando-o famoso, ele era um empresário honesto e extremamente bem-sucedido.

Madoff era um fazedor de mercado, alguém que conecta compradores e vendedores de ações. E era muito bom nisso. Em 1992, o *The Wall Street Journal* descreveu a empresa de formação de mercado de Madoff com estas palavras:

> Madoff ergueu uma corretora de valores bastante lucrativa, a Bernard L. Madoff Investment Securities, responsável por um volume significativo das ações negociadas em Wall Street. Os 740 milhões de dólares que em média são negociados eletronicamente todos os dias pela Madoff respondem por cerca de 9% do volume de transações da Bolsa de Nova York. A empresa é capaz de executar transações de forma tão rápida e barata que, na verdade, paga um centavo de dólar por ação a outras corretoras para que estas executem os pedidos dos seus clientes, lucrando com a diferença entre os preços de compra e venda que a maioria das ações proporciona.

Isso não é um jornalista descrevendo de forma incorreta uma fraude prestes a ser descoberta. O negócio de formação de mercado estava dentro da lei. Um ex-funcionário relatou que esse mercado rendia a Madoff entre 25 milhões e 50 milhões de dólares por ano.

O negócio não fraudulento de Bernie Madoff era um enorme sucesso, qualquer que fosse o parâmetro. Ele o tornou imensa e legitimamente rico.

Mas, ainda assim, veio a fraude.

A pergunta que devemos fazer a Gupta e a Madoff é por que um indivíduo com uma fortuna na faixa de centenas de milhões de dólares está tão desesperado atrás de mais dinheiro que é capaz de arriscar tudo nessa busca.

Os crimes cometidos por aqueles que vivem à margem da sobrevivência são diferentes. Um golpista nigeriano disse certa vez ao *The New York Times* que se sentia culpado por ter prejudicado outras pessoas, mas que "a miséria fazia com que não doesse tanto".[13]

O que Gupta e Madoff fizeram é outra coisa. Eles já tinham riqueza inimaginável, prestígio, poder e liberdade. E jogaram tudo para o alto porque queriam mais.

Eles não tinham noção do *suficiente.*

Estes são exemplos extremos. Porém, existem versões desse comportamento que não infringem a lei.

O fundo de cobertura Long-Term Capital Management era formado por *traders* com fortunas individuais na casa das dezenas e das centenas de milhões de dólares, e com a maior parte dessa riqueza investida nos próprios fundos. Então, eles correram tantos riscos na busca por mais dinheiro que conseguiram perder tudo que tinham — em 1998, em meio à maior alta de mercado e da melhor situação econômica da história. Warren Buffett falou algum tempo depois:

> Para ganhar o dinheiro que não tinham e do qual não precisavam, eles arriscaram aquilo que tinham e de que precisavam. Isso é estupidez. É estupidez, pura e simplesmente. Arriscar algo que é importante para você em troca de algo que não é importante para você não faz sentido algum.

Nada justifica arriscar algo que você já tem e do qual precisa por algo que você não tem e do qual não precisa.

Isso é uma daquelas coisas que são óbvias e ignoradas na mesma medida. Poucos de nós vamos ter 100 milhões de dólares algum dia, como Gupta ou Madoff tiveram.

Contudo, um percentual considerável dos leitores deste livro, em algum momento da vida, terá um salário ou uma soma de dinheiro suficiente para cobrir tudo aquilo de que precisam e muito do que desejam.

Se você é uma dessas pessoas, mantenha algumas coisas em mente.

1. Ao lidar com dinheiro, a coisa mais difícil a fazer é parar de reajustar as metas para cima o tempo todo.

Mas é também uma das mais importantes. Se as expectativas aumentam graças aos resultados positivos, não há lógica em correr atrás de mais, porque, no fim das contas, você vai acabar sempre com o mesmo sentimento. É perigoso quando o desejo de ter mais — mais dinheiro, mais poder, mais prestígio — faz a ambição crescer a uma velocidade maior do que a satisfação. Nesse caso, um passo adiante empurra a meta dois passos à frente. Apesar do avanço, a sensação é de estar ficando para trás, e a única forma de alcançar a meta é correndo riscos cada vez maiores.

O capitalismo moderno é ótimo em fazer duas coisas: gerar riqueza e gerar inveja. Talvez elas andem de mãos dadas; querer superar seus pares pode ser o combustível para se esforçar mais. No entanto, a vida não é nada divertida sem um senso de *suficiência*. A felicidade, como se diz, é o que sobra dos resultados depois de subtraídas as nossas expectativas.

2. A comparação social é a questão.

Imagine um jogador de beisebol novato, que receba 500 mil dólares por ano. Não importa o parâmetro adotado, ele é rico. Digamos, no entanto, que ele jogue no mesmo time de Mike Trout, que tem um contrato de 430 milhões de dólares por 12 anos. Em comparação ao astro, o novato parece falido. Pensemos, então, em Mike Trout. Trinta e seis milhões de dólares por ano é uma cifra absurda. Porém, para figurar na lista dos dez gestores de fundos de cobertura mais bem pagos em 2018, era preciso faturar ao menos 340 milhões em um ano.[14] É com eles que pessoas como Trout podem comparar suas receitas. E o gestor de fundos de cobertura que ganha 340 milhões por ano se compara aos cinco maiores gestores de fundos de cobertura, que faturaram 770 milhões ou mais em 2018. Esses gestores de alto escalão podem mirar em pessoas como Warren Buffett, cuja fortuna pessoal cresceu 3,5 bilhões de dólares em 2018. E alguém como Buffett poderia pensar em Jeff Bezos, cujo patrimônio líquido cresceu 24 bilhões em 2018 — uma cifra que corresponde a mais dólares por hora do que o jogador de beisebol "rico" ganhou em um ano inteiro.

A questão é: o teto da comparação social é tão alto que, em teoria, ninguém jamais será capaz de alcançá-lo. Portanto, é uma batalha que não pode ser vencida. Ou, talvez, a única maneira de vencê-la não envolva lutar, para começo de conversa, mas aceitar que você já tem o suficiente, ainda que seja menos do que os outros ao redor.

Todo ano, um amigo meu faz uma "peregrinação" a Las Vegas. Em uma dessas idas, ele perguntou a um crupiê: "Quais jogos você joga, e em quais cassinos joga?" O crupiê respondeu, com total seriedade: "A única forma de ganhar em um cassino de Las Vegas é sair dele logo depois de entrar."

É exatamente assim que funciona o jogo de tentar alcançar as fortunas alheias.

3. "Suficiente" não é pouco.

A ideia de ter o "suficiente" pode parecer conservadora, desperdiçando oportunidades e potenciais.

Eu discordo.

"Suficiente" é perceber que o oposto disso — ter um apetite insaciável por mais — vai levá-lo até o ponto do arrependimento.

A única maneira de saber o quanto você aguenta comer é comendo até passar mal. Poucos tentam fazer isso, porque, por melhor que seja a comida, vomitar não compensa. Por alguma razão, essa mesma lógica não é aplicada aos negócios e aos investimentos, e muitos só param de correr atrás de mais quando vão à falência e são forçados a parar. Pode ser algo que só cause mal a você mesmo, como ter uma crise de *burnout* no trabalho ou alocar recursos em um investimento arriscado que você não tem como bancar, ou, em casos extremos, agir como Rajat Gupta e Bernie Madoff, recorrendo ao roubo porque cada dólar vale a pena, dane-se as consequências.

Não importa a forma, pois essa incapacidade de recusar qualquer ganho em potencial acabará cobrando o seu preço.

4. Há muitas coisas que não valem a pena arriscar nunca, independentemente do ganho em potencial.

Depois de deixar a cadeia, Rajat Gupta disse ao *The New York Times* que aprendera uma lição:

Não se apegue muito a nada — seja à sua reputação, às suas conquistas, a qualquer coisa do tipo. Eu não paro de pensar sobre isso agora. Qual é a importância dessas coisas? Ok, tudo isso destruiu injustamente a minha reputação. Mas a minha reputação só é preocupante se eu estiver apegado a ela.

Essa parece ser a pior lição possível a ser tirada da experiência pela qual ele passou, e soa como uma desculpa reconfortante proferida por um homem que deseja desesperadamente recuperar sua reputação, mas que está ciente de que ela está destruída.
Reputação é algo inestimável.
Liberdade e independência são inestimáveis.
Família e amigos são inestimáveis.
Ser amado por aqueles que você deseja que o amem é inestimável.
Felicidade é inestimável.
E a melhor maneira de manter essas coisas é saber a hora de parar de correr riscos que possam ameaçá-las. É saber quando você tem o *suficiente*.
A boa notícia é que a ferramenta mais poderosa para se ter o *suficiente* é muito simples, e não exige colocar em risco o que é inestimável para você. O próximo capítulo trata disso.

4.
Compostos e confusos

Dos 84,5 bilhões de dólares do patrimônio líquido de Warren Buffett, 81,5 bilhões foram ganhos depois que ele já tinha 65 anos. Nossas mentes não possuem as ferramentas para lidar com tais absurdos.

L IÇÕES DE UM determinado campo de estudo muitas vezes podem nos ensinar algo importante sobre campos não relacionados. Vejamos a história das eras glaciais, que compreende bilhões de anos, para entender o que as eras nos ensinam sobre como fazer o seu dinheiro se multiplicar.

Nosso conhecimento científico sobre a Terra é mais recente do que você imagina. Para compreender como o planeta funciona, muitas vezes temos que fazer perfurações profundas e não éramos capazes de fazer isso até bem pouco tempo atrás. Isaac Newton calculou o movimento das estrelas centenas de anos antes de entendermos alguns dos princípios básicos do nosso próprio planeta.

Foi apenas no século XIX que os cientistas chegaram a um consenso em relação ao fato de que a Terra ficou coberta de gelo em diversas ocasiões.[15] O volume de evidências era grande demais para que isso fosse negado. Ao redor de todo o mundo havia impressões digitais de um planeta outrora congelado: pedras imensas que foram parar em locais inesperados, leitos de rocha reduzidos a finas camadas. As evidências deixavam claro que não houvera apenas uma era glacial, mas cinco, distintas, que éramos capazes de presumir.

A quantidade de energia necessária para congelar o planeta, fazê-lo derreter de volta e congelá-lo mais uma vez é impressionante. O que, afinal, poderia ter causado esses ciclos? Deveria ser a força mais poderosa da Terra.

E era. Mas não da maneira que todos imaginavam.

Havia diversas teorias sobre por que ocorreram as eras glaciais. Para explicar sua enorme influência na geologia, as teorias eram igualmente grandiosas. Alguns acreditavam que o surgimento das cadeias de montanhas podia ter provocado uma mudança nos ventos capaz de alterar o clima. Outros defendiam a ideia de que o estado natural da Terra seria o gelo, interrompido por grandes erupções vulcânicas que nos aqueciam.

Contudo, nenhuma dessas teorias conseguia explicar o ciclo das glaciações. O surgimento de cadeias de montanhas ou algum vulcão enorme poderiam responder por uma era do gelo, mas não pela repetição cíclica de cinco.

No início do século XX, um cientista sérvio chamado Milutin Milanković estudou a posição da Terra em relação a outros planetas e formulou a teoria das eras glaciais que hoje sabemos estar correta: a atração gravitacional do sol e da lua afetam ligeiramente o movimento e a inclinação da Terra em direção ao astro. Durante alguns momentos deste ciclo — que pode durar dezenas de milhares de anos —, cada um dos hemisférios da Terra recebe um pouco mais ou um pouco menos de radiação solar do que o normal.

E é aí que começa a ficar divertido.

A princípio, a teoria de Milanković presumiu que uma leve inclinação nos hemisférios provocou invernos bastante rigorosos, frios o suficiente para congelar o planeta. Porém, um meteorologista russo chamado Wladimir Köppen se aprofundou no trabalho de Milanković e descobriu uma nuance incrível.

Verões mais frescos, e não invernos mais rigorosos, eram os responsáveis pelo congelamento. Tudo começa quando o verão não é quente o suficiente para derreter a neve do inverno anterior. A base de gelo que se mantém favorece o acúmulo de neve no inverno seguinte, o que aumenta as chances de a neve permanecer no outro verão e provoca um acúmulo ainda maior no inverno subsequente. Essa neve perpétua reflete uma proporção maior da radiação solar, o que intensifica o resfriamento, traz mais neve, e assim por diante. Dentro de algumas centenas de anos, uma camada de neve sazonal se transforma em uma camada de gelo continental, e por aí vai.

O mesmo acontece no sentido oposto. Uma inclinação orbital que permite a entrada de mais luz solar derrete um volume maior da camada de neve do inverno; ela então passa a refletir menos luz nos anos seguintes, provocando aumento das temperaturas, o que previne a formação de neve no ano seguinte, e assim por diante. Esse é o ciclo.

O incrível aqui é que algo tome tamanha proporção a partir de uma mudança relativamente pequena nas condições climáticas. Você começa com uma fina camada de neve que sobrou de um verão mais fresco com o qual ninguém se importaria, e então, em um piscar de olhos em termos geológicos, a Terra inteira está coberta por uma camada de gelo de quilômetros de espessura. Como disse a glaciologista Gwen Schultz: "Não é, necessariamente, a quantidade de neve que provoca a formação de camadas de gelo, mas o fato de que a neve permaneça, por menor que seja o seu volume."

A grande lição da era do gelo é que você não precisa de uma força fora do comum para criar resultados fora do comum.

Se algo começa a se compor — se um pequeno crescimento serve como combustível para o crescimento futuro —, uma base inicial pode levar a resultados tão extraordinários que parecem desafiar a lógica. Esse desafio à lógica pode ser tão forte que você passa a subestimar o que é possível no fim das contas, de onde vem o crescimento e até onde ele pode levar.

Com o dinheiro, funciona da mesma maneira.

Existem mais de 2 mil livros que falam sobre como Warren Buffett construiu sua fortuna. Muitos são maravilhosos. Contudo, poucos prestam atenção à coisa mais simples de todas: a fortuna de Buffett não se deve apenas ao fato de ele ser um bom investidor, mas, sim, ao fato de ele ser um bom investidor desde que era, literalmente, criança.

Enquanto escrevo essas linhas, o patrimônio líquido de Warren Buffett é de 84,5 bilhões de dólares. Desse total, 84,2 bilhões foram ganhos depois de ele completar 50 anos. E 81,5 bilhões vieram na casa dos 60, quando ele se tornou elegível para a aposentadoria.

Warren Buffett é um investidor fenomenal. No entanto, ao vincularmos todo o seu êxito à perspicácia dele em relação a investimentos, deixamos passar um ponto fundamental. Esse ponto é o fato de que ele tem sido um investidor fenomenal há três quartos de século. Se ele tivesse começado a investir quando estava na casa dos 30 anos e se aposentado aos 60, poucos teriam ouvido falar dele.

Façamos um pequeno exercício de imaginação.

Buffett começou a investir com seriedade aos 10 anos de idade. Aos 30, ele tinha um patrimônio líquido de 1 milhão de dólares, ou 9,3 milhões em valores de hoje, corrigidos pela inflação.[16]

Mas e se ele fosse uma pessoa mais comum, passando a adolescência e seus 20 anos explorando o mundo em busca de suas paixões, e aos 30 seu patrimônio líquido fosse de, digamos, 25 mil dólares?

E digamos que, mesmo assim, ele tivesse tido os retornos extraordinários que consegue gerar (22% ao ano) nos seus investimentos, mas tivesse parado de investir e se aposentado aos 60, para jogar golfe e passar mais tempo com os netos.

Qual seria uma estimativa aproximada de seu patrimônio líquido hoje? Não, não seria de 84,5 bilhões de dólares.

Seria de 11,9 *milhões*.

Ou seja, 99,9% menos do que o patrimônio líquido real dele.

Em termos práticos, todo o sucesso monetário de Warren Buffett pode ser vinculado à base financeira que ele construiu na adolescência e à longevidade que ele manteve durante a terceira idade.

Sua habilidade é saber investir, mas seu segredo é o tempo.

É assim que a composição funciona.

Vejamos isso de outra forma. Buffett é o investidor mais rico de todos os tempos. Mas ele não é propriamente o melhor — pelo menos não em termos da média de retornos anuais.

Jim Simons, chefe do fundo de hedge Renaissance Technologies, tem ganhos a uma taxa de 66% ao ano desde 1988. Ninguém chega perto desse recorde. Como acabamos de ver, Buffett acumula cerca de 22% ao ano, um terço desse valor.

Enquanto escrevo, o patrimônio líquido de Simons é de 21 bilhões de dólares. Ele é — e eu sei o quanto isso soa ridículo, dados os números com os quais estamos lidando — 75% menos rico do que Buffett.

Por que a diferença, se Simons é um investidor melhor? Porque Simons só assumiu esse ritmo de investimento depois dos 50 anos. Ele teve menos da metade do tempo que Buffett para fazer seus investimentos renderem. Se James Simons viesse mantendo seu percentual anual de retorno de 66% por setenta anos, que é o período em que Buffett construiu sua riqueza, a fortuna dele seria de — por favor, respire fundo — sessenta e três quintilhões novecentos quatrilhões setecentos e oitenta e um trilhões setecentos e oitenta bilhões setecentos e quarenta e oito milhões cento e sessenta mil dólares.

Essa cifra é impressionante e inacreditável. Mas é fato que coisas que parecem ser pequenas mudanças nas premissas de crescimento podem levar a números impressionantes e inacreditáveis. Assim, quando estamos estudando os motivos pelos quais algo se tornou tão poderoso — seja por que uma era do gelo se formou ou por que Warren Buffett é tão rico —, com frequência ignoramos os principais fatores que impulsionam o sucesso.

Já ouvi muitas pessoas dizerem que, quando viram uma tabela de juros compostos pela primeira vez — ou ouviram uma daquelas histórias sobre como você teria bem mais dinheiro ao se aposentar se começasse a economizar na casa dos 20, em vez de fazê-lo na dos 30 —, aquilo provocou uma mudança na vida delas. Mas, provavelmente, não. O que talvez aquilo tenha provocado foi uma *surpresa*, porque, intuitivamente, os resultados não pareciam estar certos. O pensamento linear é bem mais intuitivo do que o pensamento exponencial. Se eu pedir que você calcule de cabeça 8+8+8+8+8+8+8+8+8, você pode fazer isso em alguns segundos (dá 72). Só que se eu pedir que você calcule 8×8×8×8×8×8×8×8×8, sua cabeça vai entrar em parafuso (dá 134.217.728).

A IBM desenvolveu um disco rígido de 3,5 megabytes na década de 1950. Na década de 1960, as coisas começaram a passar para algumas dezenas de megabytes. Na década seguinte, o Winchester da IBM tinha setenta megabytes. Então, os discos ficaram exponencialmente menores em termos de tamanho, mas com maior capacidade de armazenamento. Um PC típico do início da década de 1990 tinha de duzentos a quinhentos megabytes.

E então... *bum!* A coisa toda disparou.

1999 — O iMac, da Apple, passou a vir com um disco rígido de seis gigabytes.

2003 — 120 gigabytes no Power Mac.

2006 — 250 gigabytes no novo iMac.

2011 — O primeiro disco rígido de quatro terabytes.

2017 — Discos rígidos de sessenta terabytes.

2019 — Discos rígidos de cem terabytes.

Recapitulando: de 1950 a 1990, ganhamos 296 megabytes. De 1990 até hoje, ganhamos 100 milhões de megabytes.

Se você fosse um otimista em relação à tecnologia na década de 1950, poderia ter previsto que o armazenamento se tornaria mil vezes maior. Talvez 10 mil vezes maior, fazendo uma estimativa bem ousada. Poucos teriam dito "30 milhões de vezes maior, e eu vou estar aqui para ver isso". Mas foi o que aconteceu.

A natureza contraintuitiva da composição leva até o mais inteligente de nós a ignorar o seu poder. Em 2004, Bill Gates criticou o recém-lançado Gmail, questionando a necessidade de um gigabyte de armazenamento. O jornalista Steven Levy escreveu: "Apesar de sua familiaridade com tecnologias de ponta, a mentalidade de Gates estava ancorada no antigo paradigma do armazenamento como uma mercadoria que deve ser conservada." As pessoas nunca se acostumam com a rapidez com a qual as coisas mudam.

O perigo aqui é que, quando a composição não é intuitiva, nós muitas vezes ignoramos o seu potencial e nos concentramos em outras formas de solucionar os problemas. Não porque estejamos racionalizando demais, mas porque quase nunca paramos para refletir sobre o potencial da composição.

Nenhum dos 2 mil livros que esmiúçam o sucesso de Buffett é intitulado *Esse cara tem investido consistentemente durante três quartos de século*. Mas sabemos que essa é a chave para a maior parte do sucesso dele. Essa matemática só é difícil de ser assimilada pelo fato de não ser intuitiva.

Existem livros sobre ciclos econômicos, estratégias de negociação e apostas setoriais. No entanto, o livro mais poderoso e importante deveria se chamar *Cale a boca e espere*. Teria apenas uma página, com um gráfico de crescimento econômico de longo prazo.

Em termos práticos, a conclusão é que a natureza contraintuitiva da composição pode ser responsável pela maior parte das negociações frustradas, das estratégias ruins e das tentativas de investimento bem-sucedidas.

Não se pode culpar as pessoas por dedicar todo o seu esforço — de fazer e de aprender — para tentarem obter os retornos mais altos nos seus investimentos. Intuitivamente, parece a forma mais certa de enriquecer.

No entanto, obter os retornos mais altos não faz com que um investimento seja obrigatoriamente bom, porque os retornos mais altos tendem a ser sucessos únicos que não se repetem. Um bom investimento está relacionado à obtenção de retornos excelentes que podem ser mantidos e repetidos por um longo período. É nesses casos que a composição faz o seu melhor.

O oposto disso — obter retornos altíssimos que não podem ser mantidos — provoca histórias trágicas. Vamos ver algumas delas no capítulo seguinte.

5.
Ficar rico *versus* continuar rico

Um bom investimento não tem a ver necessariamente com tomar boas decisões, mas, sim, com ser consistente em não errar.

Há um milhão de formas de ficar rico e um monte de livros sobre como fazer isso.

Mas só existe uma forma de continuar rico: um misto de frugalidade e paranoia.

E esse é um assunto que não é debatido com frequência.

Vamos começar com uma breve história sobre dois investidores que nunca chegaram a se conhecer, mas cujos caminhos se cruzaram de uma forma interessante quase um século atrás.

Jesse Livermore foi o maior operador de ações da sua época. Nascido em 1877, ele se tornou um operador profissional antes mesmo que a maioria das pessoas soubesse que essa atividade existia. Aos 30 anos, a fortuna dele era equivalente a 100 milhões de dólares em valores atualizados.

Em 1929, Jesse Livermore havia se tornado um dos investidores mais famosos do mundo. A Quebra da Bolsa de Nova York, naquele ano, marcou o início da Grande Depressão e consolidou seu legado na história.

Mais de um terço do valor do mercado de ações evaporou no intervalo de uma semana do outubro de 1929, cujos dias foram posteriormente chamados de Segunda-Feira Negra, Terça-Feira Negra e Quinta-Feira Negra.

Dorothy, a esposa de Livermore, temeu o pior quando seu marido voltou para casa no dia 29 de outubro. Relatos de que especuladores de Wall Street estariam cometendo suicídio tinham começado a se espalhar em Nova York. Ela e seus filhos receberam Jesse à porta de casa aos prantos, enquanto a mãe dela estava tão perturbada que se fechou em um quarto e começou a gritar.

Jesse, de acordo com o biógrafo Tom Rubython, ficou confuso por um instante, até perceber o que estava acontecendo.

Ele então deu a notícia para a família: em um golpe de genialidade e de sorte, ele havia feito uma série de vendas a descoberto, na aposta de que o preço das ações ia despencar.

"Quer dizer que não estamos falidos?", perguntou Dorothy.

"Não, querida, esse foi o meu melhor dia de transações de todos os tempos — estamos absurdamente ricos e podemos fazer o que tivermos vontade", respondeu Jesse.

Dorothy correu até a mãe e disse que ela podia parar de gritar.

Em um único dia, Jesse Livermore ganhou o equivalente a mais de 3 bilhões de dólares.

Durante um dos piores meses da história do mercado de ações, ele se tornou um dos homens mais ricos do mundo.

Enquanto a família de Livermore comemorava seu sucesso improvável, outro homem vagava pelas ruas de Nova York em desespero.

Abraham Germansky era um incorporador imobiliário multimilionário que havia feito fortuna durante a agitada década de 1920. Diante do *boom* econômico, ele fez o que praticamente todos os nova-iorquinos de sucesso fizeram no final dos anos 1920: apostou pesado no crescente mercado de ações.

Em 26 de outubro de 1929, o *The New York Times* publicou um artigo que, em dois parágrafos, retratava um final trágico:

Bernard H. Sandler, advogado situado no número 225 da Broadway, foi contactado na manhã de ontem pela sra. Abraham Germansky, de Mount Vernon, que pedia ajuda para encontrar o marido, desaparecido desde a manhã de quinta-feira. Germansky, que tem 50 anos e é operador imobiliário no lado leste da cidade, havia investido pesadamente em ações, segundo Sandler.

Ainda de acordo com Sandler, uma amiga da sra. Germansky disse ter visto o marido dela na noite de quinta-feira perto da Bolsa de Valores, na Wall Street. De acordo com a informante, o sr. Germansky estava rasgando uma tira de fita telegráfica e jogando os pedaços pela calçada enquanto andava em direção à Broadway.

E, até onde sabemos, foi esse o fim de Abraham Germansky. Há um contraste aqui.

A Quebra da Bolsa de Nova York, ocorrida em outubro de 1929, fez de Jesse Livermore um dos homens mais ricos do mundo, e, ao mesmo tempo levou Abraham Germansky à ruína, tendo talvez lhe custado a vida.

Mas avancemos quatro anos, e essas duas histórias se cruzam de novo. Depois do golpe de sorte em 1929, Livermore, transbordando de confiança, começou a fazer apostas cada vez maiores. Ele acumulou dívidas, foi arrastado para um estado de tensão além do que conseguia suportar e acabou perdendo tudo na bolsa.

Falido e envergonhado, o homem desapareceu por dois dias em 1933. Sua esposa o procurou. "Jesse L. Livermore, o operador do mercado de ações, residente no número 1.100 da Park Avenue, está desaparecido e não foi visto desde as três horas da tarde de ontem", escreveu o *The New York Times* na ocasião.

Ele reapareceu, mas seu destino estava traçado. Livermore acabou tirando a própria vida.

As circunstâncias não foram as mesmas, mas Germansky e Livermore tinham um traço de personalidade em comum: ambos eram muito bons em ficar ricos e igualmente ruins em *continuar* ricos.

Ainda que "rico" não seja uma palavra que você usaria para descrever a si mesmo, as lições da frase a seguir se aplicam a todos, em todos os graus de rendimento.

Ganhar dinheiro é uma coisa. Mantê-lo é outra.

Se eu tivesse que sintetizar o sucesso financeiro em uma única palavra, essa palavra seria "sobrevivência".

Como veremos no Capítulo 6, 40% das empresas que se tornam tão bem-sucedidas a ponto de terem seu capital aberto na bolsa de valores acabam por perder todo o seu valor ao longo do tempo. A lista *Forbes 400* dos americanos mais ricos tem, em média, cerca de 20% de rotatividade por década devido a fatores que não estão relacionados à morte ou à transferência de dinheiro para outro membro da família.[17]

O capitalismo é selvagem. Mas isso acontece, em parte, porque saber ganhar dinheiro e saber mantê-lo são duas competências distintas.

Ganhar dinheiro requer correr riscos, ser otimista, se expor.

Mas manter o dinheiro requer o oposto de correr riscos. Requer humildade e o medo de que o que você conquistou possa ser tirado de você com a mesma rapidez. Requer frugalidade e a aceitação do fato de que pelo menos parte do que você conquistou pode ser atribuído à sorte; logo, não se pode confiar que os sucessos passados vão se repetir para sempre.

O apresentador Charlie Rose perguntou a Michael Moritz, o bilionário diretor da Sequoia Capital, por que a Sequoia era tão bem-sucedida. Moritz falou de longevidade, chamando atenção para o fato de que algumas empresas de capital de risco são bem-sucedidas por cinco ou dez anos, mas a Sequoia vinha prosperando havia quatro décadas. Rose questionou por que aquilo acontecia.

Moritz: Acho que sempre tivemos medo de falir.

Rose: Sério? Então é medo? Só os paranoicos sobrevivem?

Moritz: Há uma boa dose de verdade aí... Nós presumimos que o amanhã não será como o ontem. Não podemos nos dar ao luxo de dormir sobre os louros colhidos. Não podemos ser complacentes. Não podemos presumir que o sucesso do passado se traduz na boa sorte do futuro.

Aqui está ela de novo, a sobrevivência.
Não é "crescimento", "cérebro" nem "visão". A capacidade de permanecer ativo por muito tempo, sem se apagar ou ser forçado a desistir, é o que faz diferença de verdade. Esta deve ser a base da sua estratégia, seja nos investimentos, na sua carreira ou no seu negócio.
Existem duas razões pelas quais a mentalidade de sobrevivência é tão importante na relação com as finanças.
A primeira é óbvia: poucos ganhos são tão grandes a ponto de valer a pena a gente se desgastar por eles.
A outra, como vimos no Capítulo 4, é a matemática contraintuitiva da composição.
A composição só funciona se você puder dar anos e anos a um ativo para que ele cresça. É como plantar um carvalho: um

ano não trará muito progresso, dez podem fazer uma diferença significativa e cinquenta são capazes de criar algo extraordinário.

No entanto, obter e manter esse crescimento extraordinário requer sobreviver a todos os altos e baixos imprevisíveis que todo mundo, invariavelmente, experimenta ao longo do tempo.

Podemos passar anos tentando descobrir como Buffett conseguiu o retorno que seus investimentos garantem: como descobriu as melhores empresas, as ações mais baratas, os melhores administradores. Isso é difícil. Um pouco mais fácil, mas igualmente importante, é se debruçar sobre o que ele não fez.

Ele não se atolou em dívidas.

Ele não entrou em pânico e vendeu tudo em nenhuma das catorze recessões que atravessou.

Ele não manchou a sua reputação empresarial.

Ele não se prendeu a uma única estratégia, uma única visão de mundo ou a uma única moda passageira.

Ele não dependia do dinheiro de terceiros (administrar investimentos por meio de uma empresa de capital aberto significa que os investidores não podem retirar seu capital).

Ele não se deixou esgotar e desistiu. Ele não se aposentou.

Ele sobreviveu. A sobrevivência deu a ele a longevidade. E a longevidade — investir de forma consistente dos 10 aos 89 anos, pelo menos — é o que faz maravilhas pelo trabalho da composição. Esse único ponto é o mais importante na hora de descrever o sucesso de Buffett.

Para ilustrar o que estou dizendo, vejamos a história de Rick Guerin.

Warren Buffett e seu braço direito Charlie Munger são uma dupla que muito provavelmente todo mundo conhece. No entanto, quarenta anos atrás, havia um terceiro membro no grupo: Rick Guerin.

Warren, Charlie e Rick fizeram investimentos e entrevistaram gerentes de negócios juntos. Então, Rick desapareceu, pelo menos em comparação ao sucesso de Buffett e Munger. O investidor Mohnish Pabrai certa vez perguntou a Buffett o que havia acontecido com Rick. Mohnish conta:

> [Warren disse que] "Charlie e eu sempre soubemos que nos tornaríamos incrivelmente ricos. Não tínhamos pressa; sabíamos que isso ia acontecer. Rick era tão inteligente quanto nós, mas estava com pressa."
>
> O que aconteceu foi que os investimentos de Rick durante a recessão de 1973-1974 haviam sido feitos à base de empréstimos que tinham as próprias ações como garantia. E o mercado de ações caiu quase 70% naqueles dois anos, de modo que ele precisou apresentar novas garantias. Então, ele vendeu suas ações da Berkshire para Warren — Warren de fato disse "Eu comprei a parte de Rick na Berkshire" — por menos de 40 dólares cada. Rick foi forçado a vendê-las por causa dos empréstimos.[18]

Charlie, Warren e Rick eram igualmente hábeis em enriquecer. Mas Warren e Charlie também sabiam como continuar com dinheiro. E, com o tempo, essa é a habilidade que mais importa.

Nassim Nicholas Taleb resumiu isso da seguinte forma: "Ter uma 'vantagem' e sobreviver são duas coisas diferentes: a primeira não existe sem a segunda. É preciso evitar a ruína. A todo custo."

Aplicar a mentalidade de sobrevivência ao mundo real se resume a estar atento a três coisas.

1. Mais do que grandes retornos, o que quero é ser à prova de falências. E, se eu for à prova de falências, de fato acredito que vou ter os maiores retornos, porque serei capaz de permanecer no jogo por tempo suficiente para que a composição faça maravilhas.

Ninguém quer ficar com dinheiro parado durante uma alta do mercado. Todo mundo quer comprar ativos que estão se valorizando. Você parece, e se sente, conservador ao não sair gastando durante uma alta, porque está perfeitamente ciente do volume de retorno do qual está abrindo mão por não deter aquelas ações. Digamos que o dinheiro renda 1% ao ano enquanto as ações rendem 10%. Essa diferença de 9% consome você por dentro, dia após dia.

No entanto, se esse dinheiro impedir que você tenha que vender suas ações durante uma baixa, o verdadeiro retorno que você teve com ele não é de 1% ao ano — pode ser bem maior, porque evitar a venda desesperada e inoportuna de ações pode fazer mais pelos seus retornos ao longo do tempo do que comprar uma dezena de ações de momento.

A composição não depende da obtenção de grandes retornos. Retornos meramente bons mantidos de forma ininterrupta pelo máximo de tempo — sobretudo em períodos de caos e destruição — se sairão sempre melhores.

2. Fazer planos é importante, mas a parte mais importante de um plano é ter um plano para quando o plano não estiver saindo de acordo com o plano.

Há um ditado que diz: "Enquanto você faz planos, Deus ri." Ter um planejamento financeiro e de investimentos é essencial, pois isso permite que você saiba se as suas ações, hoje, estão dentro de uma margem razoável. Porém, poucos planos, de qualquer tipo que sejam, sobrevivem ao primeiro encontro com o mundo real. Se você está projetando os seus rendimentos, o quanto vai poupar e quais serão os retornos do mercado de ações para os próximos vinte anos, pense em todas as coisas que aconteceram nas últimas duas décadas que ninguém poderia ter previsto: o Onze de Setembro, uma bolha imobiliária que fez com que quase 10 milhões de americanos perdessem as casas, uma crise financeira que fez com que quase 9 milhões ficassem desempregados, a recuperação recorde do mercado de ações que veio logo a seguir e um coronavírus que abala o mundo todo enquanto escrevo estas linhas.

Um plano só é útil se for capaz de sobreviver à realidade. E um futuro repleto de incógnitas é a realidade para todos.

Um bom plano não finge que isso não é verdade; ele abraça essa característica e dá margem para erros. Quanto mais você depende de aspectos específicos para que um plano seja verdadeiro, mais frágil se torna a sua vida financeira. Se a margem de erro de sua estimativa de poupança lhe permite dizer "Seria ótimo se o mercado desse 8% de retorno ao ano pelos próximos trinta anos, mas se ele der só 4%, vai ficar tudo bem", seu plano é ótimo.

Muitas apostas fracassam não porque estavam erradas, mas porque, na maioria das vezes, estavam certas em uma situação que exigia que tudo saísse perfeitamente conforme o esperado. A margem de erro — muitas vezes chamada de margem de segurança — é uma das forças mais subestimadas quando se trata de finanças. Ela se manifesta de diversas formas: um orçamento frugal, um pensamento mais flexível e expectativas mais baixas — qualquer coisa que permita que você tenha êxito diante de uma infinidade de resultados possíveis.

Isso não é a mesma coisa que ser conservador. Ser conservador é evitar um determinado grau de risco. Margem de segurança é aumentar a probabilidade de sucesso dentro de um determinado nível de risco, ampliando suas chances de sobrevivência. A mágica por trás disso é que, quanto maior a sua margem de segurança, menor a vantagem que você precisa ter para conseguir um resultado favorável.

3. Uma personalidade bem-calibrada — otimista quanto ao futuro, mas desconfiada em relação ao que pode impedir esse futuro de chegar — é vital.

Em geral, o otimismo é definido como a crença de que tudo vai correr bem. Mas essa definição é incompleta. O otimismo sensato é a crença de que as probabilidades estão a seu favor, e que, com o tempo, elas vão se estabilizar de maneira positiva, ainda que o que aconteça no meio do caminho seja desesperador. E, na verdade, você *sabe* que será assim. Você pode estar otimista de que a trajetória de crescimento de longo prazo aponta "para o alto e avante", mas também pode ter certeza de que o caminho até lá é cheio de armadilhas, porque realmente é. Essas duas atitudes não são excludentes entre si.

A noção de que algo pode valer a pena a longo prazo e ao mesmo tempo ser desesperador a curto prazo não é intuitiva, mas é como muitas coisas funcionam na vida. Aos 20 anos, o ser humano médio pode perder cerca de metade das conexões sinápticas que tinha no cérebro aos 2 anos de idade, à medida que as vias neurais ineficientes e redundantes vão sendo eliminadas. Porém, o ser humano médio de 20 anos de idade é muito mais inteligente do que a criança média de 2 anos. A destruição diante do progresso não é apenas possível — é uma forma eficiente de se livrar do que está sobrando.

Imagine que você tenha um filho e que seja capaz de ver o que acontece no cérebro dele. Assim, a cada manhã, você perceberia que existem menos conexões sinápticas. Você entraria em pânico! Falaria: "Tem algum problema aqui, há muita perda e destruição. Precisamos resolver esse problema. Precisamos ir ao médico!" Mas não é nada disso. O que você está testemunhando é o caminho normal do progresso.

Economias, mercados e carreiras muitas vezes seguem um caminho semelhante — crescimento em meio a perdas.

Veja o desempenho da economia dos Estados Unidos nos últimos 170 anos:

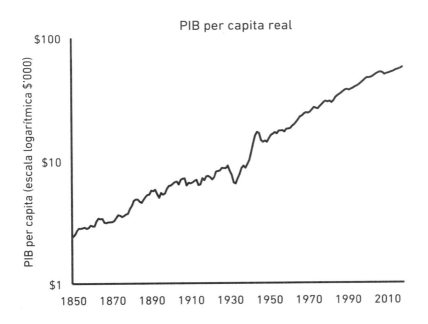

Mas você sabe o que aconteceu nesse período? Ora, por onde começar?

- 1,3 milhão de americanos morreram enquanto lutavam em nove guerras.
- Aproximadamente 99,9% de todas as empresas fecharam as portas.
- Quatro presidentes dos Estados Unidos foram assassinados.
- 675 mil americanos morreram em um único ano devido a uma pandemia de gripe.
- Trinta desastres naturais isolados mataram, cada um, pelo menos quatrocentos americanos.
- 33 recessões que, somadas, duraram 48 anos.
- O número de analistas que previram qualquer uma dessas ondas de recessão tende a zero.
- O mercado de ações caiu mais de 10% após uma alta em pelo menos 102 ocasiões.
- As ações perderam um terço de seu valor em pelo menos doze ocasiões.
- A inflação anual excedeu 7% em vinte anos isolados.
- A expressão "pessimismo econômico" apareceu nos jornais pelo menos 29 mil vezes, de acordo com o Google.

O padrão de vida dos americanos aumentou vinte vezes nesses 170 anos, mas mal se passou um dia sem motivos palpáveis para o pessimismo.

É complicado sustentar uma mentalidade paranoica e otimista ao mesmo tempo, porque ver as coisas como preto no branco é mais fácil do que aceitar nuances. No entanto, você precisa a paranoia de curto prazo para mantê-lo vivo por tempo suficiente para explorar o otimismo a longo prazo.

Jesse Livermore descobriu isso da maneira mais difícil.

Ele associou bons tempos ao fim de tempos ruins. Ficar rico fez com que ele achasse que continuar rico era inevitável, e que ele era invencível. Depois de ter perdido quase tudo, refletiu:

> Às vezes, penso que nenhuma lição é mais valiosa a qualquer especulador do que aprender a não deixar o sucesso subir à cabeça. As derrocadas de muitas pessoas brilhantes podem ser atribuídas diretamente ao fato de o sucesso ter subido à cabeça delas.

"É um mal que cobra seu preço", disse ele, "em todos os lugares, para todas as pessoas."

A seguir, veremos outro motivo pelo qual o crescimento diante da adversidade é tão difícil de ser compreendido.

6.
Devagar e sempre

Você pode estar errado metade das vezes, e, ainda assim, ficar milionário.

"Eu venho batendo nessa tecla há trinta anos. Acho que a conta é simples: alguns projetos dão certo; outros, não. Não tem motivo algum para ficar insistindo em um deles. Só passe para o próximo."
— Brad Pitt, ao receber o Screen Actors Guild Award

HEINZ BERGGRUEN FUGIU da Alemanha nazista em 1936. Ele se estabeleceu nos Estados Unidos, onde estudou literatura na Universidade da Califórnia, em Berkeley.

Segundo a maioria dos relatos, ele não parecia ser particularmente promissor durante a juventude. No entanto, na década de 1990, Berggruen havia se tornado um dos negociantes de arte mais bem-sucedidos de todos os tempos.

Em 2000, Berggruen vendeu parte da sua enorme coleção de Picassos, Braques, Klees e Matisses ao governo alemão por mais de 100 milhões de euros. Era um valor tão baixo que os alemães efetivamente consideraram aquilo uma doação. O valor de mercado da coleção estava bem acima de 1 bilhão de dólares.

É impressionante que uma pessoa tenha sido capaz de formar uma coleção tão repleta de obras-primas. A arte é mesmo subjetiva. Como alguém conseguiu prever, com tanta antecedência, quais seriam as obras mais cobiçadas do século?

Alguém poderia dizer que é "habilidade". Ou, então, "sorte".

A firma de investimentos Horizon Research tem uma terceira explicação.

E ela é muito relevante para os investidores.

"Grandes investidores compraram vastas quantidades de obras de arte", escreve a empresa.[19] "Alguns subconjuntos dessas coleções provaram ser excelentes investimentos, e foram mantidos por um período longo o bastante para permitir que o retorno do portfólio convergisse em direção ao retorno dos melhores elementos dele. É simplesmente isso."

Grandes negociantes de arte operam como fundos de índice. Eles compram tudo que podem. E compram portfólios, não peças individuais de que gostaram. Em seguida, eles sentam e esperam até que alguns vencedores apareçam.

É simplesmente isso.

É provável que 99% das obras de arte que colecionadores como Berggruen adquiriram ao longo da vida tenham acabado se mostrando de pouco valor. Mas isso não importa muito se o 1% restante for composto por obras de artistas como Picasso. Berggruen podia estar errado na maioria das vezes, e, ainda assim, estar absolutamente certo.

Muitas situações nos negócios e nos investimentos funcionam dessa forma. Caudas longas — os extremos mais distantes de uma sequência de resultados — exercem uma influência enorme nas finanças, quando um pequeno número de eventos acaba sendo responsável pela maioria dos resultados.

Pode ser difícil processar isso, mesmo quando você entende de matemática. É contraintuitivo que um investidor possa estar errado metade das vezes, e, ainda assim, ficar milionário. Isso mostra que subestimamos como é normal a maioria das coisas não dar certo. E como, por sua vez, reagimos exageradamente quando elas dão.

A animação *O vapor Willie*, de 1928, a primeira aparição de Mickey Mouse, colocou Walt Disney no mapa. Já o sucesso nos negócios foi outra história. O primeiro estúdio de Disney faliu. Seus filmes eram absurdamente caros de produzir e financiados em condições estapafúrdias. Em meados da década de 1930, Disney já havia produzido mais de quatrocentos desenhos animados. A maioria era de curtas, a maioria era adorada pelos espectadores e a maioria causou prejuízos astronômicos.

A Branca de Neve e os sete anões mudou tudo.

Os 8 milhões de dólares que o desenho faturou nos primeiros seis meses de 1938 estavam em uma ordem de grandeza maior do que qualquer outra coisa que a empresa já havia ganhado.

Aquilo transformou os estúdios de Walt Disney. Todas as dívidas da empresa foram sanadas. Funcionários importantes receberam bônus e tiveram seus contratos renovados. A empresa adquiriu um novo estúdio de última geração em Burbank, onde permanece até hoje. Um Oscar fez Walt Disney passar de mero famoso a celebridade. Em 1938, ele havia produzido várias centenas de horas de filme. Porém, em termos de negócios, os 83 minutos de *Branca de Neve* eram tudo o que importava.

Qualquer coisa que seja enorme, lucrativa, famosa ou influente é o resultado de um evento de cauda — um evento distante entre milhares ou milhões de outros eventos. E a maior parte da nossa atenção é desviada para coisas enormes, lucrativas, famosas ou influentes. Quando a maior parte daquilo a que prestamos atenção é resultado de um evento de cauda, é fácil esquecer quão raros e poderosos eles são.

Algumas indústrias movidas a eventos de cauda são óbvias. O capital de risco, por exemplo. Se uma sociedade de capital de risco faz cinquenta investimentos, ela provavelmente espera que metade deles dê errado, que dez se saiam muito bem e um ou dois sejam maravilhas que respondam por 100% dos retornos do fundo. A Correlation Ventures já fez essas contas.[20] Dos mais de 21 mil financiamentos de risco de 2004 a 2014:

- 65% perderam dinheiro.
- 2,5% tiveram um rendimento de dez a vinte vezes.
- 1% obteve um retorno superior a vinte vezes.
- 0,5% — cerca de cem das 21 mil empresas — tiveram um rendimento de cinquenta vezes ou mais. É daí que vem a maior parte dos retornos nesse setor.

Muita gente pode pensar que é isso que torna o capital de risco tão arriscado. E todos que investem em sociedades de capital de risco estão cientes disso. A maioria das startups dá errado, e a gentileza do mundo só comporta alguns megassucessos.

Quem deseja retornos mais seguros, previsíveis e estáveis deve investir em grandes empresas de capital aberto.

Pelo menos é assim que a maioria pensa. Mas lembre-se de que a cauda orienta *tudo*.

Ao longo do tempo, a distribuição do sucesso entre ações de grandes empresas não é tão diferente assim do capital de risco.

A maioria das empresas de capital aberto fracassa, algumas se saem bem e outras se tornam vencedoras extraordinárias, respondendo pela maior parte dos retornos do mercado de ações.

Certa vez, o J.P. Morgan Asset Management publicou a distribuição de lucros do Russell 3000 Index — uma ampla coleção de empresas de capital aberto — desde 1980.[21]

Quarenta por cento das ações que compõem o Russell 3000 perderam ao menos 70% do seu valor e jamais se recuperaram.

Em termos reais, todo o retorno do índice veio de 7% das empresas que o compõem, que tiveram desempenho superior em pelo menos dois desvios-padrão.

Esse é o tipo de coisa que você espera do capital de risco. Mas foi o que aconteceu dentro de um índice diversificado e previsível.

A sina da maioria das empresas de capital aberto não poupa nenhum setor. Mais da metade de todas as empresas de capital aberto de tecnologia e telecomunicações perdem a maior parte do seu valor e nunca se recuperam. Mesmo entre empresas de serviços públicos, a taxa de fracasso é superior a uma em dez:

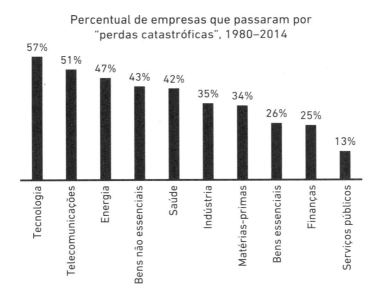

O interessante é que você precisa ter alcançado certo nível de sucesso para se tornar uma empresa de capital aberto e passar a integrar o Russell 3000. Ele é composto por empresas já estabelecidas, não por startups. E, mesmo assim, a maioria tem a expectativa de vida medida em anos, não décadas.

Vejamos por exemplo uma dessas empresas: a produtora Carolco, ex-integrante do Russell 3000 Index.

A Carolco produziu alguns dos filmes de maior sucesso das décadas de 1980 e 1990, incluindo os três primeiros da série *Rambo*, *O exterminador do futuro II*, *Instinto selvagem* e *O vingador do futuro*.

A empresa abriu seu capital em 1987. Foi um triunfo estrondoso, e produziu sucesso atrás de sucesso. A receita gerada em 1991 foi de meio bilhão de dólares, obtendo uma capitalização de mercado de 400 milhões — muito dinheiro na época, sobretudo para um estúdio de cinema.

E, então, faliu.

Os sucessos de bilheteria pararam, projetos de grande orçamento fracassaram, e, em meados da década de 1990, a Carolco tinha ficado para trás. Ela decretou falência em 1996. As ações caíram a zero. Uma perda catastrófica, que quatro em cada dez empresas de capital aberto experimentam em algum momento. A história da Carolco é digna de ser contada não por ser única, mas por ser corriqueira.

Eis a parte mais importante disso: o Russell 3000 cresceu mais de 73 vezes desde 1980. Um retorno espetacular. Isso, sim, é *sucesso*.

Quarenta por cento das empresas do índice efetivamente fracassaram. Mas os 7% que tiveram um desempenho extremamente bom foram mais do que suficientes para compensar os fracassos. Da mesma forma que Heinz Berggruen, mas com a Microsoft e o Walmart em vez de Picasso e Matisse.

Não apenas umas poucas empresas respondem pela maior parte do retorno de mercado, como há ainda mais eventos de cauda na dinâmica interna dessas empresas.

Em 2018, a Amazon respondeu por 6% dos retornos do S&P 500. E o crescimento da empresa se deve quase que inteiramente ao Prime e ao Amazon Web Services, que em são eventos de cauda *per se* em uma companhia que já experimentou centenas de produtos, desde o Fire Phone até agências de viagens.

A Apple foi responsável por quase 7% dos retornos do índice em 2018. Isso foi impulsionado sobretudo pelo iPhone, que, no universo dos equipamentos de tecnologia, é o mais "de cauda" possível.

E quem está trabalhando nessas empresas? No Google, o percentual de contratação em relação ao volume de candidatos é de 0,2%.[22] No Facebook, é de 0,1%.[23] Na Apple, é de cerca de 2%.[24] Portanto, as pessoas que trabalham nesses projetos que geram retornos "de cauda" têm carreiras "de cauda".

A ideia de que algumas poucas coisas são responsáveis pela maior parte dos resultados não se aplica apenas às empresas na sua carteira de investimentos. Ela também é parte importante do seu próprio comportamento como investidor.

Segundo Napoleão, um "gênio militar" era "um homem capaz de tomar uma decisão mediana enquanto todos ao seu redor estão enlouquecendo."

A mesma coisa vale para os investimentos.

A maioria dos conselhos financeiros trata do *hoje*. Do que você deve fazer *agora*, de quais ações parecem boas compras *hoje*.

Mas na maioria das vezes, o *hoje* não é tão importante. Ao longo da sua vida como investidor, as decisões que você toma hoje, amanhã ou na semana que vem não importam tanto quanto o que você faz durante o pequeno número de dias — provavelmente 1% do tempo ou menos — em que todos outros ao seu redor estão enlouquecendo.

Vejamos o que aconteceria se você economizasse 1 dólar por mês de 1900 a 2019.

Você poderia investir aquele 1 dólar em qualquer bolsa de valores dos Estados Unidos todos os meses, faça chuva ou faça sol. Não importa se os economistas estão alardeando que há uma recessão a caminho ou que o mercado de ações vai despencar. Você simplesmente continua investindo. Vamos chamar a investidora que adota essa postura de Sue.

No entanto, investir durante uma recessão pode ser assustador demais. Então, talvez você invista seu 1 dólar no mercado de ações quando a economia não está em recessão, venda tudo quando ela está em recessão e guarde o seu 1 dólar mensal em dinheiro, e invista tudo de volta no mercado de ações quando a recessão terminar. Vamos chamar este investidor de Jim.

Ou, talvez, leve algum tempo até que uma recessão o assuste, e depois mais algum tempo para recuperar a confiança antes de voltar ao mercado. Você investe 1 dólar em ações quando não há recessão, vende as ações seis meses após o início de uma recessão, e volta a investir seis meses depois do fim dela. Chamaremos este investidor de Tom.

Quanto dinheiro esses três investidores teriam ao fim desse período?

Sue teria 435.551 dólares.

Jim teria 257.386 dólares.

E Tom teria 234.476 dólares.

Sue venceria com folga.

Foram 1.428 meses entre 1900 e 2019. Pouco mais de trezentos deles sofreram recessões. Portanto, ao manter a calma quando a economia estava em recessão (ou perto de uma), o que representa apenas 22% do tempo, Sue termina com quase 75% a mais que Jim ou Tom.

Para dar um exemplo mais recente: é provável que a forma como você se comportou enquanto investidor durante os meses no final de 2008 e início de 2009 tenha mais impacto sobre os seus rendimentos ao longo da vida do que tudo que você fez entre 2000 e 2008.

Existe uma piada entre pilotos de avião que diz que o emprego deles se resume a "horas e horas de puro tédio pontuadas por momentos de terror profundo". A mesma coisa pode ser dita sobre investimentos. Seu sucesso como investidor será determinado pela forma como você responde aos momentos pontuais de terror, não pelos anos passados no piloto automático.

Uma boa definição de "gênio investidor" é "a pessoa capaz de tomar uma decisão mediana enquanto todos ao seu redor estão enlouquecendo".

São as caudas que orientam tudo.

Ao aceitar que são as caudas que orientam tudo nos negócios, nos investimentos e nas finanças, você percebe que é normal muitas coisas darem errado, quebrarem, fracassarem e despencarem.

Se você for um bom comprador de ações, é provável que acerte em metade das ocasiões.

Se for um bom líder nos negócios, talvez metade das suas ideias de produtos e de estratégias funcione.

Se for um bom investidor, terá muitos anos bons, mas terá muitos ruins também.

Se for um bom trabalhador, encontrará a empresa certa no campo certo depois de várias tentativas e erros.

E isso se você for bom.

Peter Lynch é um dos melhores investidores do nosso tempo. "Se você for excelente neste negócio, acertará seis vezes em cada dez", declarou certa vez.

Há campos nos quais você precisa ser perfeito o tempo todo. Pilotar um avião, por exemplo. E há campos nos quais você deseja ser, pelo menos, muito bom quase o tempo todo. Um chef de restaurante, digamos.

Investimentos, negócios e finanças não são como esses campos.

Uma coisa que aprendi com investidores e empresários é que ninguém toma boas decisões o tempo inteiro. As pessoas mais admiráveis estão cheias de ideias pavorosas que frequentemente são postas em prática.

A Amazon, por exemplo. É contraintuitivo pensar que o fracasso de um produto em uma grande empresa seria algo normal e recorrente. Você pensaria que o CEO deveria se desculpar com os acionistas. No entanto, logo após o lançamento desastroso do Fire Phone, o CEO Jeff Bezos disse:

> Se você acha que esse foi um grande fracasso, saiba que, no momento, estamos trabalhando em fracassos bem maiores. Não estou brincando. Alguns deles farão o Fire Phone parecer bobagem.

Para a Amazon, não é problema perder uma boa soma com o Fire Phone, porque isso será recompensado por coisas como o Amazon Web Services, que fatura dezenas de bilhões de dólares.

O CEO da Netflix, Reed Hastings, uma vez anunciou que a empresa cancelaria diversas produções de grande orçamento. A declaração que ele deu foi:

Nossa taxa de acertos está alta demais nesse momento. Estou sempre pressionando a equipe de conteúdo. Temos que correr mais riscos. Temos que tentar coisas mais improváveis, porque o certo é termos uma taxa de cancelamento mais alta no geral.

Isso não é loucura nem irresponsabilidade. Isso é saber reconhecer, de uma maneira bastante astuta, que são as caudas que conduzem ao sucesso. Para cada Amazon Prime ou *Orange is The New Black*, você sabe, sem sombra de dúvida, que virão alguns fracassos.

Parte da razão pela qual isso é contraintuitivo é porque, na maioria dos setores, vemos apenas o resultado, mas não as perdas sofridas que levaram ao produto final, que fez sucesso.

O Chris Rock que vejo na TV é hilário, perfeito. O Chris Rock que se apresenta em dezenas de pequenos clubes de comédia todos os anos é só razoável. Isso é normal. Nenhum gênio do humor é inteligente o bastante para saber de antemão quais piadas vão funcionar. Todo grande comediante testa o seu material em pequenos clubes antes de usá-lo em espaços maiores. Certa vez, perguntaram a Rock se ele sentia falta dos clubes. A resposta foi:

> Quando começo uma turnê, não é como se eu estivesse em uma arena. Antes dessa última turnê, eu me apresentei em um lugar em New Brunswick chamado Stress Factory. Fiz cerca de quarenta ou cinquenta apresentações em preparação para a turnê.

Um jornal traçou o perfil dessas sessões nos pequenos clubes. O texto descreve Rock folheando papéis com anotações e se atrapalhando com o material. "Vou ter que cortar algumas dessas piadas", diz ele na metade da apresentação. As piadas boas que vejo na Netflix são as caudas que foram surgindo em um universo de centenas de tentativas.

Algo semelhante acontece nos investimentos. É fácil descobrir o patrimônio líquido de Warren Buffett e seu rendimento anual médio. Ou até mesmo os melhores e mais notáveis investimentos feitos pelo homem. Eles estão à vista de todos, e é sobre eles que as pessoas falam.

Porém, é muito mais difícil pinçar todos os investimentos que ele fez ao longo da carreira. Ninguém fala sobre as escolhas ruins, os negócios fracassados, as más aquisições. No entanto, essa é uma grande parte da história de Buffett. É o outro lado dos retornos orientados pela cauda.

Na reunião dos acionistas da Berkshire Hathaway, em 2013, Buffett disse que teve de quatrocentas a quinhentas ações durante a vida e que ganhou a maior parte do seu dinheiro com dez delas. Charlie Munger prosseguiu: "Se descontássemos alguns dos principais investimentos da Berkshire, o histórico de longo prazo da empresa seria bem mediano."

Quando prestamos atenção especial aos sucessos de um modelo de comportamento, ignoramos que os seus ganhos vieram de uma pequena porcentagem das suas ações. Isso faz com que nossas próprias falhas, perdas e contratempos nos deem a sensação de que estamos fazendo algo errado. Contudo, é possível que estejamos errados, ou apenas meio certos, na mesma medida em que os mestres estão. Eles podem ter estado *mais certos* quando estavam certos, mas também podem ter estado errados com a mesma frequência que você.

"O que importa não é estar certo ou errado", disse George Soros certa vez, "mas o quanto de dinheiro você ganha quando está certo e o quanto você perde quando está errado." Você pode estar errado metade das vezes, e, ainda assim, ficar milionário.

Existem 100 bilhões de planetas em nossa galáxia e, até onde sabemos, só há vida inteligente em um deles.

O fato de você estar lendo este livro é o resultado da cauda mais longa que você pode imaginar.

Isso é algo que deveria nos deixar felizes. A seguir, vamos ver como o dinheiro pode deixá-lo ainda mais feliz.

7.
Liberdade

Ter o controle do próprio tempo é o maior dividendo que o dinheiro pode pagar.

A FORMA MAIS elevada de riqueza é a possibilidade de acordar todo dia e dizer: "Eu posso fazer o que quiser hoje."

As pessoas querem se tornar mais ricas para serem mais felizes. Felicidade é um assunto delicado, porque é diferente para cada um. Porém, se existe um denominador comum na felicidade — um combustível universal da alegria —, é o fato de que as pessoas querem ter controle sobre a própria vida.

A possibilidade de fazer o que se quer, quando se quer, com quem se quer, pelo tempo que se quer, não tem preço. É o maior dividendo que o dinheiro pode pagar.

Angus Campbell foi um psicólogo que trabalhou na Universidade de Michigan. Nascido em 1910, realizou sua pesquisa durante uma época em que a psicologia se concentrava esmagadoramente em distúrbios que afetavam de forma negativa a vida das pessoas — transtornos como depressão, ansiedade e esquizofrenia.

Campbell queria saber o que deixava as pessoas felizes. Seu livro, *The Sense of Wellbeing in America* [O bem-estar nos Estados Unidos, em tradução livre], publicado em 1981, começa afirmando que as pessoas, em geral, eram mais felizes do que a maioria dos psicólogos presumia. No entanto, algumas estavam se saindo melhor do que outras nisso. E o que as diferenciava não era obrigatoriamente o nível de renda, o local em que moravam ou o grau de instrução, porque muita gente em cada uma dessas categorias era cronicamente infeliz.

O mais poderoso denominador comum da felicidade era simples. Campbell o resumiu da seguinte maneira:

> Ter uma forte sensação de estar no controle da própria vida é um indicador mais confiável de sentimentos positivos de bem-estar do que qualquer uma das condições objetivas de vida a que costumamos prestar atenção.

Mais do que o seu salário. Mais do que o tamanho da sua casa. Mais do que o prestígio do seu trabalho. Poder fazer o que se quer, quando se quer, com as pessoas com que se quer é a maior variável de estilo de vida que proporciona felicidade às pessoas.

O grande valor intrínseco do dinheiro — e nunca é demais repetir isso — é a capacidade que ele nos dá de termos controle sobre o nosso tempo. A capacidade de obter, pouco a pouco, um nível de independência e de autonomia que vem de ativos não gastos e que nos proporcionam maior controle sobre o que e quando podemos fazer.

Um pequeno volume de riqueza significa a possibilidade de tirar alguns dias de folga do trabalho quando ficamos doente sem que isso prejudique as contas. Conquistar essa capacidade é algo inestimável.

Um pouco de riqueza a mais significa poder esperar por uma boa vaga de emprego após uma demissão, em vez de ter que aceitar a primeira que aparecer. Isso pode mudar uma vida.

Um fundo de emergência para seis meses de despesas significa não ter medo do seu chefe, porque você sabe que não vai ficar desamparado se precisar de algum tempo para encontrar um novo emprego.

Ter ainda mais significa a capacidade de poder aceitar um cargo com um salário menor, mas com um horário flexível. Talvez mais perto de casa. Ou ser capaz de enfrentar uma emergência de saúde sem o fardo extra de ter que pensar em como pagar pelas despesas médicas.

Por fim, há a possibilidade de se aposentar quando quiser, antes da idade mínima.

Usar o dinheiro para comprar tempo e poder de escolha proporciona um estilo de vida com o qual pouquíssimos itens de luxo podem competir.

Durante a faculdade, eu queria ser banqueiro de investimentos. O motivo era um só: a carreira dava muito dinheiro. Essa era minha única motivação, e eu tinha 100% de certeza de que ela me deixaria mais feliz. Durante as férias do meu primeiro ano, consegui um estágio em um banco de investimento em Los Angeles, e me senti como se tivesse ganhado na loteria das carreiras. Era tudo o que eu sempre quis.

No primeiro dia de trabalho, percebi por que os banqueiros de investimento ganham bem: eles trabalham muito mais horas do que eu acreditava que um ser humano conseguiria suportar. Na verdade, a maioria não consegue. Voltar para casa antes da meia-noite era considerado um luxo, e havia um ditado no escritório: "Se você não vier trabalhar no sábado, nem se preocupe em voltar no domingo." O trabalho era intelectualmente estimulante, com um bom salário e fazia eu me sentir importante. Porém, cada segundo do meu tempo estava atrelado às exigências do meu chefe, o que bastou para transformar aquilo em uma das experiências mais desesperadoras da minha vida. Era para ter sido um estágio de quatro meses. Fiquei só um mês.

O mais difícil nisso tudo é que eu adorava o trabalho. E queria dar o meu melhor. Mas fazer algo que você ama sob um cronograma do qual você não tem controle algum pode provocar a mesma sensação de fazer algo que você odeia. Existe um nome para esse sentimento: reatância psicológica.

Jonah Berger, professor de marketing da Universidade da Pensilvânia, resumiu bem esse conceito:

> As pessoas gostam de se sentir no controle — de ficarem sentadas no banco do motorista. Quando tentamos obrigá-las a fazer algo, elas se sentem impotentes. Em vez de terem a sensação de que fizeram elas mesmas a escolha, ficam com a impressão de que essa escolha foi feita por outra pessoa. E assim, elas dizem não ou fazem outra coisa, mesmo quando, de início, poderiam ter concordado com aquilo de bom grado.[25]

Quando você aceita que essa afirmação é verdadeira, percebe que alinhar o dinheiro em direção a uma vida que permita que você faça o que quiser, quando quiser, com quem quiser, onde quiser, pelo tempo que quiser tem um retorno incrível.

Derek Sivers, um empresário de sucesso, certa vez escreveu sobre um amigo que lhe pediu para contar a história de como ele ficou rico:

> Eu tinha um emprego em Manhattan com um salário de 20 mil dólares por ano — o equivalente a um salário mínimo. Eu nunca comia fora e nunca pegava táxi.

Meu custo de vida era de cerca de mil dólares por mês, e eu estava ganhando 1.800. Fiz isso por dois anos e economizei 12 mil dólares. Eu tinha 22 anos.

Eu sabia que, assim que conseguisse os 12 mil dólares, poderia largar meu emprego e me dedicar à música em tempo integral. Sabia também que poderia conseguir alguns shows por mês para cobrir meu custo de vida. Logo, eu estava livre. Saí daquele emprego no mês seguinte, e nunca mais tive um emprego.

Quando acabei de contar essa história para um amigo, ele ficou esperando por mais. Eu disse que não havia mais, que tinha terminado. Ele insistiu: "Tá, mas e quando você vendeu a sua empresa?"

Eu respondi que aquilo não tinha feito uma grande diferença na minha vida. Era só mais dinheiro no banco. A diferença real aconteceu quando eu tinha 22 anos.[26]

Os Estados Unidos são o país mais rico da história. Mas há poucas evidências de que seus cidadãos sejam mais felizes hoje do que eram na década de 1950, quando a riqueza e a renda eram bem mais baixas — mesmo tirando a média e ajustando pela inflação. Uma pesquisa realizada em 2019 pela Gallup com 150 mil pessoas de 140 países descobriu que cerca de 45% dos americanos disseram ter sentido "muita preocupação" no dia anterior.[27] A média global era de 39%. Cinquenta e cinco por cento dos americanos disseram que sentiram "muito estresse" no dia anterior. No resto do mundo, 35% das pessoas disseram o mesmo.

Parte disso se deve ao fato de que usamos nossa grande riqueza para comprar coisas maiores e melhores. No entanto, simultaneamente, abrimos mão de ter mais controle sobre o nosso tempo. Na melhor das hipóteses, uma coisa anula a outra.

A renda familiar média ajustada pela inflação era de 29 mil dólares em 1955.[28] Em 2019, havia passado para pouco mais 62 mil. Por um lado, usamos essa riqueza para viver uma vida com que poucos americanos dos anos 1950 podiam sonhar, mesmo para uma família de classe média. A casa americana média aumentou de noventa metros quadrados em 1950 para 225 metros quadrados em 2018. A nova casa americana média tem hoje mais banheiros que moradores. Nossos carros são mais rápidos e eficientes, nossas TVs são mais baratas e oferecem melhor definição de imagem.

No entanto, isso mal parece um progresso quando analisamos o que aconteceu ao nosso tempo. E a razão, em grande parte, tem a ver com o tipo de trabalho que muitos de nós temos agora.

John D. Rockefeller foi um dos empresários mais bem-sucedidos da história. Ele também era um recluso e passava a maior parte do seu tempo sozinho. Quase nunca falava, tornando-se deliberadamente inacessível, e permanecendo calado quando alguém se dirigia a ele.

Um operário de uma das refinarias que vez ou outra conseguia a atenção de Rockefeller certa vez comentou: "Ele deixa todo mundo falar, enquanto fica lá sentado sem dizer nada."

Quando questionado sobre o seu silêncio durante as reuniões, Rockefeller com frequência recitava um poema:

Uma coruja velha e sábia em um carvalho vivia
Quanto menos falava, mais ela ouvia
Quanto menos falava, mais ela via
Se fossem todos como a ave sábia, que bom que seria

Rockefeller era um sujeito esquisito. Mas ele descobriu algo que agora se aplica a dezenas de milhões de trabalhadores.

O trabalho dele não era perfurar poços, carregar trens ou transportar barris. Era pensar e tomar boas decisões. O produto de Rockefeller — o que ele tinha a oferecer — não era o que ele fazia com as próprias mãos ou com as palavras. Era o que ele resolvia dentro da própria cabeça. Portanto, era a isso que ele dedicava a maior parte de seu tempo e sua energia. Apesar de ficar sentado em silêncio durante a maior parte do dia, algo que poderia parecer tempo livre ou lazer para a maioria das pessoas, dentro da cabeça ele estava sempre trabalhando, pensando em soluções para os problemas.

Isso era único para sua época. Quase todos os empregos dos contemporâneos de Rockefeller eram de trabalhos manuais. Em 1870, 46% dos empregos estavam na agricultura e 35% no artesanato ou na indústria, de acordo com o economista Robert Gordon. Poucas profissões dependiam do cérebro de um trabalhador. Não se pensava; se *labutava*, sem parar, e o fruto dessa labuta era algo visível e tangível.

Hoje, isso se inverteu.

Atualmente, 38% dos empregos são designados como "gerentes, supervisores e profissionais". São cargos que envolvem tomar decisões. Outros 41% são empregos do setor de serviços, que, muitas vezes, dependem de pensamentos e ações em igual medida.

A proporção de pessoas com empregos mais semelhantes ao de Rockefeller do que ao de um operário típico dos anos 1950 aumentou, o que significa que nossos dias não terminam quando batemos o ponto e vamos embora da fábrica. Estamos sempre trabalhando nas nossas cabeças, o que significa que parece que o trabalho não acaba nunca. Se o seu trabalho é montar carros, não há muito a ser feito quando você não está na linha de montagem. Você se desliga do trabalho e deixa as ferramentas na fábrica. Porém, se o seu trabalho é criar uma campanha de marketing — um trabalho baseado em pensamento e decisão —, sua ferramenta é a sua cabeça, que está sempre com você. Você pode estar pensando no seu projeto ao voltar para casa, ao preparar o jantar, ao colocar seus filhos para dormir e ao acordar, ansioso, às três da manhã. Talvez você trabalhe menos horas do que em 1950, mas a sensação é de estar trabalhando 24 horas por dia, sete dias por semana.

Em um texto publicado na revista *The Atlantic*, o jornalista Derek Thompson descreveu o fenômeno assim:

> Se o equipamento operacional do século XXI é um dispositivo portátil, isso significa que o espaço de trabalho não é mais a fábrica. É o dia em si. A tecnologia levou as ferramentas de produtividade para além do escritório. Graças aos laptops e aos smartphones, que são dispositivos portáteis de criação de mídia de todo tipo, a maioria dos indivíduos que exercem atividades intelectuais pode, em tese, produzir da mesma forma às duas horas da tarde no escritório principal, às duas horas da manhã em um espaço de coworking no Japão ou à meia-noite no sofá de casa.[29]

Em comparação com as gerações anteriores, o controle sobre o próprio tempo caiu. E, uma vez que o controle sobre o próprio tempo é fator determinante para a felicidade, não surpreende que as pessoas não se sintam mais felizes, embora estejam, em média, mais ricas do que nunca.

O que fazer em relação a isso?

Não é um problema fácil de resolver, porque cada pessoa é diferente. O primeiro passo é simplesmente o que proporciona felicidade a quase todo mundo e o que não proporciona.

Em seu livro *30 Lessons for Living* [Trinta lições de vida, em tradução livre], o gerontologista Karl Pillemer entrevistou mil idosos nos Estados Unidos em busca das lições mais importantes que eles haviam aprendido em décadas de experiência. O autor escreveu:

>Ninguém — nem uma única pessoa entre mil — disse que, para ser feliz, é preciso trabalhar o máximo que puder para ganhar dinheiro e comprar tudo que se deseja.
>
>Ninguém — nem uma única pessoa — disse que é importante ser ao menos tão rico quanto as pessoas ao seu redor nem que é sinal de sucesso se você tiver mais do que elas.
>
>Ninguém — nem uma única pessoa — disse que é preciso escolher a carreira com base no quanto você espera que sejam os seus rendimentos.

O que eles valorizavam eram coisas como boas amizades, fazer parte de algo maior e passar tempo com os filhos. "Seus filhos não querem o seu dinheiro (ou o que o seu dinheiro compra), eles querem você. Mais especificamente, eles querem que você esteja com eles", escreveu Pillemer. Quem diz isso são pessoas que já passaram por tudo.

Ter o controle do próprio tempo é o maior dividendo que o dinheiro pode pagar.

Agora, um breve capítulo sobre um dos menores dividendos que o dinheiro pode pagar.

8.
O paradoxo do dono do carro

Ninguém liga para as suas
posses tanto quanto você.

A MELHOR PARTE de ser manobrista é poder dirigir alguns dos carros mais legais que existem. Os hóspedes chegavam nas suas Ferraris, nos seus Lamborghinis, nos seus Rolls-Royces — a frota mais aristocrática possível.

Eu sonhava em ter um daqueles carros, porque (pensava) eles mandavam um sinal claro para as pessoas de que você é bem-sucedido. De que é inteligente. Rico. De que tem bom gosto. De que é importante. *Olha só para mim.*

O irônico é que eu quase nunca olhava para eles, os motoristas. Quando você vê alguém dirigindo um carro bacana, raramente pensa: "Uau, o cara que dirige aquele carro é demais." Em vez disso, pensa: "Uau, se *eu* tivesse aquele carro, as pessoas achariam que *eu* sou demais." De forma subconsciente ou não, é assim que as pessoas pensam.

Há um paradoxo aqui: as pessoas tendem a desejar a riqueza para sinalizar aos outros que devem ser amadas e admiradas. Contudo, na realidade, esses outros muitas vezes se esquecem de admirar você, não porque não achem que a riqueza seja admirável, mas porque usam a sua riqueza como referência para o próprio desejo de serem amados e admirados.

A carta que escrevi quando meu filho nasceu dizia: "Você pode achar que deseja ter um carro caro, um relógio chique e uma casa enorme. Mas, escute o que eu digo, você não quer. O que você quer é o respeito e a admiração dos outros, e você acha que ter coisas caras trará isso. Quase nunca traz, principalmente das pessoas que você deseja que o respeitem e o admirem."

Aprendi isso quando era manobrista e comecei a refletir sobre todas aquelas pessoas que chegavam ao hotel nas suas Ferraris e me viam babar em cima delas. Muita gente devia babar em todos os lugares a que os motoristas iam com aqueles carrões, e tenho certeza de que eles adoravam isso. Tenho certeza de que se sentiam admirados.

Mas será que sabiam que eu não ligava para eles, que nem mesmo os notava? Será que sabiam que eu só estava admirando o carro e me imaginando atrás do volante?

Eles compraram uma Ferrari pensando que isso lhes traria admiração, sem perceber que eu — e provavelmente todo mundo —, que fiquei impressionado com o carro, não pensei um único segundo neles, os indivíduos que estavam dirigindo os automóveis?

Essa mesma ideia se aplica a quem vive em casas enormes? Com quase toda a certeza.

Joias e roupas? Sim.

Meu objetivo aqui não é fazer você desistir da busca por riqueza. Nem dos carros sofisticados. Eu gosto das duas coisas. É admitir que as pessoas em geral desejam ser respeitadas e admiradas pelos outros, mas que usar dinheiro para comprar coisas chiques pode render menos respeito e admiração do que você imagina. Se o respeito e a admiração são o seu objetivo, tome cuidado com a forma como você corre atrás deles. Humildade, gentileza e empatia proporcionam mais respeito do que um motor de carro.

No entanto, o assunto Ferrari ainda não acabou. Vou contar outra história sobre o paradoxo dos carros de luxo no próximo capítulo.

9.
Fortuna é aquilo que você não vê

Gastar dinheiro para mostrar às pessoas quanto dinheiro você tem é a forma mais rápida de ter menos dinheiro.

Quando se trata de dinheiro, existem muitos aspectos irônicos. Um dos principais é: fortuna é aquilo que você não vê.

Minha experiência como manobrista se deu em meados dos anos 2000, em Los Angeles, quando a ostentação material só não era mais importante do que respirar. Se você visse uma Ferrari pela rua, presumia que o dono do carro era rico, mesmo que não prestasse muita atenção nele. Contudo, ao conhecer algumas daquelas pessoas, percebi que nem sempre era o caso. Muitas eram pessoas de sucesso relativo que haviam gastado um grande percentual do contracheque delas em um veículo. Eu me lembro de um sujeito que vou chamar de Roger. Ele tinha mais ou menos a minha idade. Eu não fazia ideia de qual era o seu trabalho. Mas ele dirigia um Porsche, o que era suficiente para que as pessoas tirassem as próprias conclusões.

Então, um dia, Roger chegou dirigindo um Honda velho. O mesmo se deu na semana seguinte, e na outra.

"O que aconteceu com o Porsche?", perguntei. Ele respondeu que o veículo fora tomado por falta de pagamento das prestações. Não havia uma gota de constrangimento ali. Ele respondeu como se estivesse passando para a próxima jogada do jogo. Todas as suposições que eu fizera a respeito dele estavam erradas. Los Angeles tem um monte de Rogers.

Alguém que dirige um carro de 100 mil dólares pode até ter uma fortuna. Só que o único dado que você tem sobre a fortuna dessa pessoa é que ela tem 100 mil dólares a menos do que tinha antes de comprar o carro (ou 100 mil dólares a mais em dívidas). Isso é *tudo* que você sabe sobre ela.

Temos a tendência de presumir a fortuna dos outros pelo que vemos, porque essa é a informação que está diante de nós. Não temos como ver as contas bancárias ou os recibos da imobiliária. Portanto, contamos com as aparências para avaliar o sucesso financeiro alheio. Carros. Casas. Fotos do Instagram.

O capitalismo moderno fez com que o hábito de "fingir até conseguir" se tornasse uma ótima fonte de negócios.

A verdade, no entanto, é que a fortuna é aquilo que você não vê.

Fortuna são os carros de luxo não adquiridos. Os diamantes não comprados. Os relógios não usados, as roupas deixadas nas araras e o assento na primeira classe recusado. Fortuna são os ativos financeiros ainda não convertidos em coisas que podem ser vistas.

Não é assim que costumamos pensar sobre o que é fortuna, porque não temos como contextualizar o que não vemos.

A cantora Rihanna quase foi à falência depois de gastar em excesso, e então processou seu consultor financeiro. O conselheiro respondeu: "Não era óbvio para ela que, se você gasta o seu dinheiro com coisas, vai acabar com as coisas e sem o dinheiro?"[30]

Sinta-se à vontade para rir. Mas a resposta é não, isso não é óbvio para as pessoas. Quando elas dizem que querem ser milionárias, talvez estejam dizendo, na verdade, que gostariam de *gastar* um milhão de dólares. E isso é, literalmente, o oposto de ser milionário.

O investidor Bill Mann escreveu certa vez: "Não há forma mais rápida de se sentir rico do que gastar muito dinheiro em coisas boas. No entanto, ser rico é gastar o dinheiro que você tem, não o dinheiro que você não tem. Simples assim."[31]

É um ótimo conselho, mas talvez não vá direto ao ponto. A única forma de acumular fortuna é não gastar o dinheiro que você tem. Essa não é apenas a única forma, como também é a própria definição de fortuna em si.

No entanto, devemos ter cuidado na hora de fazer a distinção entre *fortuna* e *riqueza*. Isso vai além da semântica. Ignorar essa distinção provoca inúmeras decisões financeiras imprudentes.

Riqueza tem a ver com um rendimento atual. Provavelmente alguém que dirige um carro de 100 mil dólares é rico, porque mesmo que a pessoa tenha financiado o veículo, é preciso um certo nível de rendimentos para pagar as prestações. A mesma coisa vale para quem mora em casas enormes. Não é difícil identificar pessoas ricas. Elas com frequência se esforçam para serem notadas.

Já a *fortuna* é algo escondido. É receita não gasta. É a opção, ainda não posta em prática, de comprar alguma coisa. O valor dela reside em proporcionar opção, flexibilidade e crescimento para que, um dia, você possa comprar mais coisas do que é capaz hoje.

Dieta e exercício oferecem uma analogia útil aqui. Perder peso é notoriamente difícil, mesmo para quem pratica muito exercício. No livro *Corpo: um guia para usuários*, o autor Bill Bryson explica por quê:

> Um estudo realizado nos Estados Unidos descobriu que as pessoas costumam superestimar em quatro vezes o número de calorias queimadas em uma sessão de exercícios. Elas também consomem, em média, cerca de duas vezes mais calorias do que as que acabaram de queimar. [...] Portanto, você pode jogar fora bem rápido o resultado de bastante exercício ao comer muito, e a maioria de nós faz isso.

Praticar exercício é como ser rico. Você pensa: "Eu me esforcei, agora mereço uma bela refeição." Fortuna é recusar aquela refeição deliciosa e de fato queimar calorias. Fazer isso é difícil, requer autocontrole. Mas gera um resultado da diferença entre o que você poderia fazer e o que você opta por fazer, que vai se acumulando ao longo do tempo. O problema, para muita gente, é que é fácil encontrar modelos de riqueza. No entanto, é mais difícil encontrar pessoas que tenham fortunas, porque, por definição, o sucesso delas está mais escondido.

É claro que há pessoas que possuem fortunas e ao mesmo tempo gastam muito dinheiro. Mesmo nesses casos, no entanto, o que vemos é a riqueza delas, não a fortuna. Vemos os carros que elas decidiram comprar e talvez a escola em que escolheram matricular os filhos. Não vemos as poupanças, os planos de previdência ou as carteiras de investimento. Vemos as casas que elas compraram, não as que poderiam ter comprado se tivessem passado do limite.

O perigo, aqui, é que acredito que a maioria das pessoas, no fundo, deseja ter uma fortuna. Elas querem ter liberdade e flexibilidade, que é o que os ativos financeiros ainda não gastos podem proporcionar. Contudo, está tão arraigada em nós a ideia de que ter dinheiro é gastar dinheiro que não conseguimos enxergar a prudência necessária para se acumular uma fortuna. E, como não conseguimos enxergá-la, é difícil aprender sobre ela.

As pessoas são boas em aprender por imitação. Mas a natureza oculta das fortunas torna difícil imitar os outros e aprender com as decisões deles. Depois de morto, Ronald Read se tornou um modelo financeiro para muita gente. Ele foi celebrado pela mídia e louvado nas redes sociais. Mas ele não foi o modelo financeiro de ninguém enquanto estava vivo, porque cada centavo da riqueza dele estava escondido, até mesmo daqueles que o conheciam.

Imagine como seria difícil virar escritor se você não pudesse ler as obras dos grandes autores. Quem seria a sua inspiração? Quem você admiraria? Quais truques e dicas sutis iria adotar? Uma coisa que já é árdua se tornaria ainda mais difícil. É complicado aprender com o que não se pode ver. Isso ajuda a explicar por que muita gente tem dificuldade em acumular uma fortuna.

O mundo está cheio de pessoas que parecem modestas, mas que, na verdade, possuem fortunas, e de pessoas que parecem ricas, mas que vivem no fio da navalha. Tenha isso em mente ao julgar precipitadamente o sucesso dos outros e ao definir os seus objetivos.

Mas, se fortuna é aquilo que você não gasta, de que ela serve? Bem, permita-me convencê-lo a guardar dinheiro.

10.
Guarde dinheiro

O único fator sobre o qual você tem controle gera uma das únicas coisas que realmente importam. Que maravilha.

Permita-me convencê-lo a guardar dinheiro.

Não vai demorar muito.

Mas é uma tarefa estranha, não?

As pessoas precisam ser convencidas a guardar dinheiro? A resposta é sim, muitas precisam.

A partir de um determinado nível de rendimentos, as pessoas se enquadram em três grupos: os que guardam dinheiro, os que acham que não conseguem fazer isso e os que acham que não precisam fazer isso.

Este capítulo se dirige aos dois últimos.

A ideia básica aqui — que é simples, mas fácil de ser ignorada — é que acumular uma fortuna tem pouco a ver com os seus rendimentos ou com o retorno dos seus investimentos, e muito a ver com o quanto você economiza regularmente.

Eis aqui uma breve história sobre o poder da eficiência.

Na década de 1970, o mundo parecia estar ficando sem petróleo. Não era difícil fazer a conta: a economia global consumia muito petróleo, a economia global estava crescendo e a quantidade de petróleo que éramos capazes de extrair não crescia no mesmo ritmo.

Não ficamos sem petróleo, ainda bem. Mas isso não aconteceu porque encontramos mais petróleo ou porque nos tornamos melhores em extraí-lo do solo.

A principal razão pela qual superamos a crise do petróleo é porque começamos a produzir carros, fábricas e casas com maior eficiência energética do que antes. Os Estados Unidos usam 60% menos energia por dólar do PIB hoje do que usavam em 1950.[32] A média de quilômetros por litro dos veículos automotivos dobrou desde 1975. Um Ford Taurus (sedã) de 1989 fazia em média 7,65 km/l. Um Chevy Suburban 2019 (um SUV absurdamente grande) faz em média 7,7 km/l.

O mundo aumentou sua "fortuna energética" sem incrementar a energia de que dispunha, mas ao diminuir a energia de que precisava. A produção de petróleo e gás nos Estados Unidos aumentou 65% desde 1975, ao passo que a maior conservação e a maior eficiência mais do que dobraram o rendimento dessa energia. Portanto, é fácil perceber o que foi mais relevante.

A questão aqui é que encontrar mais energia está em grande parte fora do nosso controle e repleto de incertezas, porque depende de uma combinação delicada envolvendo a geologia, a geografia, o clima e a geopolítica corretos. No entanto, tornar mais eficiente o uso da energia está sob o nosso controle. A decisão de comprar um carro mais leve ou de andar de bicicleta depende apenas de você, e a garantia de melhorar a eficiência é de 100%.

A mesma coisa vale para o dinheiro.

Os retornos dos investimentos podem torná-lo rico. No entanto, será sempre uma incógnita se uma determinada estratégia de investimento vai funcionar, por quanto tempo vai funcionar e se os mercados vão cooperar ou não. Os resultados estão repletos de incertezas.

Poupança e frugalidade — que equivalem à conservação e à eficiência nas finanças — são as variáveis da equação monetária que mais estão sob o seu controle, e cuja garantia de serem tão eficazes no futuro quanto são hoje é de 100%.

Se você encarar a formação de riqueza como algo que exige mais dinheiro ou maiores retornos dos investimentos, pode acabar tão pessimista quanto os analistas estavam na década de 1970. O caminho a seguir parece difícil e fora do seu controle.

Porém, se você encarar esse processo como algo movido pela sua frugalidade e sua eficiência, o destino se torna mais claro.

Uma fortuna é simplesmente o que sobra depois que você gasta o que ganha. E, já que é possível acumular uma fortuna sem ter uma alta renda, mas é impossível acumular uma fortuna sem guardar dinheiro, fica claro qual das duas coisas é fundamental.

Mais importante de tudo, o valor dessa fortuna muda de acordo com as suas necessidades.

Digamos que você e eu tenhamos o mesmo patrimônio líquido.

E digamos que você seja um investidor melhor que eu. Eu consigo obter retornos anuais de 8%, e você, de 12%.

No entanto, eu sou mais eficiente com o meu dinheiro. Digamos que eu precise de metade do que ganho para ser feliz, ao passo que o seu custo de vida cresce na mesma medida que os seus retornos.

Estou em melhor situação que você, apesar de ser um investidor pior. Obtenho mais benefícios a partir dos meus investimentos, ainda que meus retornos sejam mais baixos. A mesma coisa se aplica aos rendimentos. Aprender a ser feliz com menos dinheiro cria uma folga entre o que você tem e o que você deseja — semelhante à folga adquirida ao receber um aumento, mas que, no caso, é mais fácil e está mais sob o seu controle.

Guardar um percentual maior dos seus rendimentos significa ter despesas mais baixas do que você eventualmente poderia ter, e ter despesas mais baixas significa que as suas economias podem cobrir um período maior do que se você gastasse mais.

Veja isso no contexto de quanto tempo e esforço são necessários para aumentar em 0,1% ao ano o desempenho de um investimento — milhões de horas de pesquisa, dezenas de bilhões de dólares de trabalho por parte de profissionais — e é fácil perceber o que é potencialmente mais importante e o que vale a pena correr atrás.

Existem investidores que trabalham oitenta horas por semana para acrescentar um décimo de ponto percentual aos seus retornos, enquanto há dois ou três pontos percentuais de excessos no estilo de vida deles que poderiam ser explorados com muito menos esforço.

Grandes retornos e grandes salários são incríveis se puderem ser alcançados, e algumas pessoas conseguem fazer isso. Mas o fato de haver tanto trabalho em um dos lados da equação financeira e tão pouco no outro oferece uma oportunidade de ouro para a maioria das pessoas.

> **A partir de um determinado nível de rendimentos, tudo que você precisa fazer é não alimentar seu ego.**

Todo mundo precisa do básico. Uma vez que isso seja resolvido, há outro nível de conforto básico, e, além dele, existem níveis básicos que são ao mesmo tempo confortáveis, divertidos e esclarecedores.

No entanto, gastar além de um nível bastante baixo de materialismo é sobretudo um reflexo do ego se alimentando dos seus rendimentos, uma forma de gastar dinheiro só para mostrar às pessoas que você tem (ou tinha) dinheiro.

Com isso em mente, uma das formas mais eficazes de aumentar suas economias não é aumentando sua renda, mas, sim, a sua humildade.

Quando você define suas economias como a folga entre o seu ego e os seus rendimentos, percebe por que muitas pessoas com rendimentos razoáveis guardam tão pouco dinheiro. Há uma luta diária contra o instinto de se exibir até o limite mais extremo e de acompanhar o que os outros estão fazendo.

Pessoas com um longo sucesso em finanças pessoais — não necessariamente aquelas com rendimentos mais altos — tendem a não dar a mínima para o que os outros pensam delas.

Assim, a capacidade de guardar dinheiro está mais sob o controle das pessoas do que elas imaginam.

Você pode guardar gastando menos. Você pode gastar menos se desejar menos.

E vai desejar menos se não se importar tanto com o que os outros pensam de você.

Como afirmo várias vezes durante este livro, dinheiro tem mais a ver com psicologia do que com finanças.

E você não precisa de um motivo específico para guardar dinheiro.

Algumas pessoas economizam dinheiro para dar entrada em uma casa, em um carro novo ou em um plano de previdência.

Isso tudo é ótimo.

Mas não é preciso ter um objetivo de comprar uma coisa específica para se guardar dinheiro.

Você pode guardar apenas por guardar. E, de fato, é o que deveria fazer.

É o que todo mundo deveria fazer.

Guardar dinheiro apenas para um objetivo específico faz sentido em um mundo previsível. Mas o nosso mundo não é assim. Guardar dinheiro é uma proteção contra o poder incontornável que a vida tem de nos surpreender nos piores momentos.

Outro benefício de guardar dinheiro que não está vinculado a um objetivo específico é aquele sobre o qual falamos no Capítulo 7: ter controle do próprio tempo.

Todo mundo está ciente das coisas tangíveis que o dinheiro pode comprar. Já as intangíveis são mais difíceis de serem compreendidas, por isso tendem a passar despercebidas. Porém, os benefícios intangíveis do dinheiro podem ser muito mais valiosos e capazes de aumentar sua felicidade do que as coisas tangíveis que costumam ser os alvos óbvios das nossas reservas.

Economizar sem ter um objetivo específico proporciona alternativas e flexibilidade, a possibilidade de esperar e a oportunidade de atacar. Proporciona tempo para pensar. Permite que você dite os rumos de acordo com o que quer.

Cada pedacinho de economia é como pegar um momento no futuro que seria de propriedade de outra pessoa e devolvê-lo a si mesmo.

**Essa flexibilidade e esse controle sobre
o tempo são os retornos invisíveis
que o dinheiro proporciona.**

Qual é a taxa de rendimento do dinheiro no banco que lhe permite mudar de carreira, se aposentar mais cedo ou ficar livre de preocupações?

Eu diria que é incalculável.

É incalculável de duas maneiras. É tão grande e tão importante que não temos como definir um preço para ela. Mas também é literalmente incalculável — não temos como medi-la da mesma forma que fazemos com as taxas de juros —, e tendemos a ignorar aquilo que não conseguimos mensurar.

Quando você não tem controle sobre o seu tempo, é forçado a aceitar tudo que surge no seu caminho. Porém, se tiver flexibilidade, terá tempo para esperar por oportunidades menos óbvias. Este é um rendimento invisível que suas economias proporcionam.

Mesmo um dinheiro guardado na poupança que renda 0% de juros pode gerar um retorno extraordinário se lhe der a flexibilidade de conseguir um emprego melhor, ainda que com um salário mais baixo, ou de esperar por uma oportunidade de investimento que surge quando aqueles sem flexibilidade ficam desesperados.

**E esse retorno invisível está se tornando
cada vez mais importante.**

O mundo costumava ser hiperlocal. Pouco mais de um século atrás, 75% dos americanos não tinham telefone ou serviço de correio regular, de acordo com o historiador Robert Gordon. Isso tornava a competição hiperlocal também. Um trabalhador com inteligência mediana podia se tornar o melhor na cidade em que morava, e seria tratado como tal por não precisar competir com o trabalhador mais inteligente de outra cidade.

Hoje, isso mudou.

Um mundo hiperconectado significa que o repertório de talentos com os quais você compete passou de centenas ou de milhares da sua cidade para milhões ou bilhões do mundo inteiro. Isso é especialmente verdade em relação a empregos que dependem de trabalho intelectual. Educação, marketing, análise, consultoria, contabilidade, programação, jornalismo e até mesmo medicina competem cada vez mais em grupos globais de talentos. Mais campos tendem a entrar nessa categoria à medida que a digitalização elimina as fronteiras globais — conforme "os softwares forem engolindo o mundo", como disse o capitalista de risco Marc Andreesen.

Uma pergunta que você deve fazer quando sua concorrência aumenta é: "Como posso me destacar?"

"Eu sou inteligente" é cada vez mais uma resposta ruim para essa pergunta, porque tem muita gente inteligente no mundo. Quase seiscentas pessoas gabaritam o vestibular todo ano só nos Estados Unidos. Outras 7 mil ficam atrás por pouquíssimos pontos. Em um mundo globalizado no qual os vencedores levam sempre a melhor, indivíduos assim são cada vez mais seus concorrentes diretos.

Inteligência não é uma vantagem verdadeira em um mundo que se tornou tão conectado quanto o de hoje.

Mas flexibilidade é.

Em um mundo onde a inteligência é hipercompetitiva e muitas habilidades técnicas anteriores se tornaram automatizadas, as vantagens competitivas tendem a ser habilidades comportamentais — como a comunicação, a empatia e, talvez acima de tudo, a flexibilidade.

Se você é flexível, pode esperar boas oportunidades tanto na carreira quanto nos investimentos. Você terá melhores chances de aprender uma nova habilidade quando for preciso. Não precisará disputar com concorrentes que sabem fazer coisas que você não sabe, e terá mais liberdade para descobrir a sua paixão e o seu nicho no seu tempo. Você pode desenvolver uma nova rotina, um ritmo mais lento, e olhar para a vida a partir de outros valores. A possibilidade de fazer tudo isso quando a maioria das pessoas não pode é um dos poucos diferenciais que existem em um mundo onde a inteligência não é mais uma vantagem palpável.

Ter maior controle sobre o próprio tempo e suas opções está se tornando uma das coisas mais valiosas do mundo.

É por isso que mais pessoas podem, e devem, guardar dinheiro.

E sabe o que mais elas deveriam fazer? Parar de tentar ser tão racionais. Vou explicar por quê.

11.
Razoável > Racional

Buscar ser mais razoável funciona melhor do que tentar ser friamente racional.

V ocê não é uma planilha. Você é uma pessoa. Uma pessoa com emoções e dúvidas.

Levei um tempo para entender isso, mas, depois que a ficha caiu, percebi que esse é um dos aspectos mais importantes quando se trata de finanças.

Essa conclusão aponta para uma coisa que costuma passar despercebida: não tente ser friamente racional ao tomar decisões financeiras. Procure ser bastante razoável. Ser razoável é mais realista, e as chances de você se manter razoável a longo prazo são maiores, que é o fator mais importante ao administrar o seu dinheiro.

Para ilustrar o que quero dizer, permita-me contar a história de um sujeito que tentou curar a sífilis usando a malária.

Julius Wagner-Jauregg foi um psiquiatra do século XIX com duas habilidades singulares: ele era muito bom em identificar padrões, e, além disso, ele via como "ousadia" o que os outros costumavam enxergar como "loucura".

Sua especialidade eram pacientes com neurossífilis grave — na época, um diagnóstico fatal, sem tratamento. O médico começou a notar um padrão: os pacientes com sífilis tendiam a se recuperar caso tivessem o infortúnio adicional de ter febres prolongadas, provocadas por alguma outra doença. Wagner-Jauregg presumiu que aquilo se devia a uma coisa da qual os médicos já desconfiavam havia alguns séculos, mas que ainda não compreendiam tão bem: que a febre desempenhava um papel no combate às infecções.

Portanto, ele tirou a conclusão lógica.

No início do século XX, Wagner-Jauregg começou a injetar em pacientes cepas menos agressivas de febre tifoide, malária e varíola para desencadear febres altas o suficiente para matar a sífilis. Sim, isso era bastante perigoso, não é só impressão sua. Alguns dos pacientes morreram devido a esse tratamento. Por fim, ele optou por uma versão branda da malária, uma vez que ela podia ser combatida com a administração de quinino após alguns dias terríveis de febre.

Após uma sequência trágica de tentativa e erro, seu experimento deu resultado. Wagner-Jauregg relatou que seis em cada dez pacientes com sífilis tratados com a "malarioterapia" se recuperaram, em comparação a cerca de três em dez pacientes não tratados. Ele ganhou o Nobel de Medicina em 1927. A instituição sueca disse: "A empreitada que ocupou Wagner-Jauregg ao longo de toda a sua vida profissional foi o esforço por curar doenças mentais por meio da indução de febre."[33]

A penicilina acabou tornando a malarioterapia obsoleta (ainda bem). No entanto, Wagner-Jauregg é um dos únicos médicos na história que não apenas constatou o papel desempenhado pela febre no combate à infecção como também a prescreveu como forma de tratamento.

A febre era tanto temida quanto misteriosa. Os antigos romanos adoravam a deusa Febris, que protegia as pessoas das febres. Havia o hábito de deixar amuletos para ela nos seus templos, na esperança de evitar a próxima rodada de calafrios.

Wagner-Jauregg, porém, estava no caminho certo. A febre não é um incômodo acidental. Ela desempenha um papel importante no caminho do corpo rumo à recuperação. Hoje temos evidências melhores e mais bem embasadas cientificamente da utilidade da febre no combate a infecções. Foi provado que um aumento de 0,5°C na temperatura corporal diminui a taxa de replicação de alguns vírus por um fator de duzentos. "Vários pesquisadores identificaram um resultado melhor entre os pacientes que apresentaram febre", escreve um artigo do National Institutes of Health.[34] O Seattle Children's Hospital tem uma seção no seu site dedicada a orientar pais e mães que podem entrar em pânico ao menor sinal de aumento na temperatura dos filhos: "As febres ativam o sistema imunológico do corpo. Elas ajudam o corpo a combater infecções. Febres normais, entre 37,5°C e 40°C, são boas para crianças que estão doentes."[35]

Mas é aí que a ciência termina e a realidade assume.

A febre é quase universalmente vista como uma coisa ruim. Ela é tratada com medicamentos como paracetamol, para baixarem com a mesma rapidez com que apareceram. Apesar de ser um mecanismo de defesa com milhões de anos de evolução, nenhum pai, nenhum paciente, poucos médicos e com certeza nenhuma empresa farmacêutica enxerga a febre como algo diferente de um incômodo que precisa ser eliminado. Essas visões não correspondem ao conhecimento científico. Um estudo foi contundente: "O tratamento da febre é comum no ambiente de UTI, e provavelmente está relacionado ao dogma padrão, não à prática baseada em evidências."[36] Howard Markel, diretor do Center for the History of Medicine, da Universidade de Michigan, fez o seguinte comentário sobre a fobia que se tem da febre: "Essa é uma prática cultural que se espalhou com a mesma amplitude que as doenças infecciosas por trás dela."[37]

Por que isso acontece? Se a febre é benéfica, por que a combatemos?

Acho que a resposta é simples: porque a febre dói. E as pessoas não querem sentir dor.

É isso.

O objetivo de um médico não é apenas curar doenças. É curar doenças dentro dos limites do que é razoável e tolerável para o paciente. A febre pode ter benefícios secundários no combate às infecções, mas provoca dor. E eu vou ao médico para parar de sentir dor. Não me importo com estudos duplos-cegos quando estou tendo calafrios mesmo debaixo do cobertor. Se existe um comprimido capaz de fazer a febre parar, eu quero tomá-lo naquele instante.

Pode ser racional querer ter febre se você está com uma infecção. Mas não é razoável.

Essa filosofia — almejar ser razoável, em vez de racional — deveria ser cogitada por mais pessoas que precisam tomar decisões relacionadas a dinheiro.

As pesquisas acadêmicas na área financeira se dedicam à busca pelas estratégias de investimento ideais em termos matemáticos. Mas minha tese é de que, no mundo real, as pessoas não querem estratégias matematicamente ideais. Elas querem estratégias que melhorem a sensação de bem-estar à noite, quando botam a cabeça no travesseiro. Harry Markowitz ganhou o Nobel de Economia por explorar a relação matemática entre risco e retorno. Certa vez, ele foi questionado sobre como investia o próprio dinheiro, e então descreveu a formação da sua carteira na década de 1950, quando começou a desenvolver seus modelos matemáticos:

> Eu imaginei o remorso que sentiria caso a bolsa de valores subisse e eu não tivesse ações — ou se ela caísse e eu estivesse cheio delas. Minha intenção era minimizar meu arrependimento no futuro. Portanto, divido meus investimentos meio a meio entre títulos e ações.

Markowitz acabou alterando sua estratégia de investimento, diversificando sua carteira. Porém, há dois aspectos importantes aqui.

Um é que "minimizar o arrependimento no futuro" é algo difícil de racionalizar no papel, mas fácil de justificar na vida real. Um investidor racional toma decisões com base em fatos matemáticos. Um investidor razoável toma decisões em uma sala de reuniões, cercado por colegas que ele espera que o admirem, ao lado de um cônjuge que não quer decepcionar, tomando como referencial concorrentes idiotas, mas realistas, como o cunhado e o vizinho, além de ter as próprias dúvidas. O ato de investir possui um componente social que muitas vezes é ignorado quando o vemos pela lente estritamente financeira.

O outro é que *não tem problema* em não ser estritamente racional. Jason Zweig, que conduziu a entrevista com Markowitz quando este explicou a forma como investia, declarou algum tempo depois:

> Minha opinião é que as pessoas não são racionais ou irracionais. Somos seres humanos. Não gostamos de pensar mais do que o necessário, e há sempre alguma coisa que demanda a nossa atenção. Sob essa ótica, não é surpresa alguma o fato de que o pioneiro da moderna teoria de portfólio tenha formado seu portfólio inicial de modo tão descolado da própria pesquisa. Tampouco que ele o tenha ajustado depois.[38]

Markowitz não é racional nem irracional. Ele é razoável.

O que costuma ser esquecido quando se trata de finanças é que algo pode ser tecnicamente verdadeiro, mas absurdo quando colocado em contexto.

Em 2008, dois pesquisadores de Yale publicaram um estudo argumentando que os jovens deveriam tentar inflar ao máximo seus planos de previdência, aplicando uma margem de dois para um (dois dólares de empréstimo para cada dólar do próprio dinheiro) na compra de ações. Esse estudo sugere que os investidores diminuam aos poucos o percentual de empréstimo ao longo do tempo, o que permite que um poupador assuma mais riscos quando jovem, podendo, assim, lidar melhor com os altos e baixos do mercado de ações e correr menos riscos conforme for envelhecendo.

Mesmo que o recurso aos empréstimos deixe o investidor sem nada em algum momento da juventude (considerando a margem de dois para um, uma queda de 50% nas ações faria isso), os pesquisadores demonstraram que os poupadores ainda assim se sairiam melhor a longo prazo, contanto que se recompusessem, seguissem o planejado e continuassem a juntar dinheiro em uma conta alavancada a uma margem de dois para um no dia seguinte a terem ficado sem nada.

A matemática funciona no papel. É uma estratégia racional. Mas está absurdamente distante de ser razoável.

Nenhuma pessoa normal seria capaz de ver 100% do que economizou para a aposentadoria evaporar e não se abalar nem um pouco, a ponto de manter a mesma estratégia. Elas desistiriam, procurariam outras opções e talvez até processariam seus consultores financeiros.

Os pesquisadores argumentaram que, ao aplicar a estratégia deles, "a expectativa é de que o valor acumulado para a aposentadoria seja 90% maior quando comparado ao rendimento dos fundos ciclo de vida". E também é 100% menos razoável.

Existe, sim, um motivo racional para alguém tomar decisões supostamente irracionais.

Aqui está ele: aceite a minha sugestão e ame os seus investimentos.

Este não é um conselho típico. Investidores afirmam que não têm nenhuma relação emocional com seus investimentos como se eles fossem uma medalha de honra, porque parece algo racional.

No entanto, se a ausência de relação emocional com a sua estratégia ou com as suas ações aumenta as chances de que você se afaste delas quando as coisas ficarem difíceis, o que parecia ser um pensamento racional se torna um problema. Investidores razoáveis que amam suas estratégias tecnicamente imperfeitas estão em vantagem, porque são mais propensos a se manterem fiéis a essas estratégias.

Poucas variáveis financeiras estão mais intimamente ligadas ao desempenho do que o comprometimento com uma estratégia durante os anos magros — tanto a dimensão do desempenho quanto as chances de obtê-lo em um dado período. As chances históricas de se ganhar dinheiro na bolsa de valores dos Estados Unidos são de 50% no intervalo de um dia, 68% no intervalo de um ano, 88% em intervalos de dez anos e (até o momento) de 100% em intervalos de vinte anos. Qualquer fator que mantenha você no jogo representa uma vantagem mensurável.

Se você acredita que "faça o que você ama" é um guia para uma vida mais feliz, isso soa como um conselho fútil de biscoito da sorte. Mas se vê isso como algo que proporciona a persistência necessária para colocar todas as probabilidades quantificáveis de sucesso a seu favor, percebe que esta deve ser a parte mais importante de qualquer estratégia financeira.

Invista em uma empresa promissora para a qual você não liga e você pode achar legal quando tudo estiver indo bem. No entanto, quando a maré inevitavelmente mudar, você de repente começa a perder dinheiro com algo que não desperta o seu interesse. É um fardo duplo, e o caminho de menor resistência é passar para outra coisa. Se, antes de tudo, você for apaixonado pela empresa — você ama a missão, o produto, a equipe, a tecnologia, o que for —, os momentos inevitáveis em que você está perdendo dinheiro ou em que a empresa precisa de ajuda serão atenuados pelo fato de que você se sente parte de algo com um significado. Essa pode ser a motivação necessária que o impedirá de desistir para seguir adiante.

Existem várias outras ocasiões em que é bom ser razoável em vez de racional com o dinheiro.

Há um "viés doméstico", bem documentado, que mostra que as pessoas preferem investir em empresas do país em que vivem, ignorando os outros mais de 95% do planeta. Isso não é racional, até o ponto em que você se dá conta de que investir é, efetivamente, dar o seu dinheiro para estranhos. Se a familiaridade o ajuda a dar o salto de fé necessário para continuar a apoiar esses estranhos, isso se torna razoável.

O *day trading* e a escolha de ações individuais não são racionais para a maioria dos investidores — as probabilidades estão enormemente contra você. No entanto, ambos são razoáveis em pequenas quantidades, caso bastem para satisfazer um desejo pessoal e deixar em paz o restante dos seus investimentos mais diversificados. O investidor Josh Brown, que defende e, acima de tudo, possui fundos diversificados, explicou certa vez por que também tem um punhado de ações individuais: "Não estou comprando ações individuais porque acho que vou gerar alfa [desempenho superior]. Eu simplesmente adoro ações, desde os meus 20 anos. O dinheiro é meu, posso fazer o que quiser com ele." Bastante razoável.

A maioria das previsões sobre os rumos da economia e do mercado de ações são terríveis, mas fazer previsões é razoável. É difícil acordar de manhã dizendo a si mesmo que você não tem ideia do que o futuro lhe reserva, mesmo que isso seja verdade. Agir com base nas previsões de investimento é perigoso. Mas eu entendo por que as pessoas tentam prever o que acontecerá no ano seguinte. É da natureza humana. É razoável.

Jack Bogle, o falecido fundador do Vanguard Group, dedicou sua carreira a uma cruzada para promover o investimento em índices passivos de baixo custo. Muitas pessoas acharam curioso o fato de o filho dele ter feito carreira como administrador de fundos de hedge e de fundos mútuos de elevado custo. Bogle — o homem que dissera que fundos de custo elevado violavam "as humildes regras da aritmética" — investiu parte do próprio dinheiro nos fundos administrados pelo filho. Qual a explicação para isso?

"Fazemos algumas concessões quando se trata de família", disse Bogle ao *The Wall Street Journal*. "Se isso não parece coerente, bem, a vida nem sempre é assim."[39]

De fato, ela raramente é.

12. Surpresa!

A história é o estudo da mudança, mas, ironicamente, ela é usada como mapa para o futuro.

Scott Sagan, professor da Universidade Stanford, certa vez disse algo que todo mundo que acompanha a economia ou os mercados de investimento deveria emoldurar e pendurar na parede: "Coisas que nunca aconteceram antes acontecem o tempo todo."

A história é, acima de tudo, o estudo de eventos que nos surpreendem. Porém, com frequência, ela é usada por investidores e economistas como guia infalível para o futuro.

Você percebe a ironia? Percebe o problema?

Ter um profundo apreço pela história da economia e dos investimentos é sábio. A história nos ajuda a calibrar nossas expectativas, analisar o que as pessoas costumam errar e nos oferece um roteiro aproximado do que tende a estar certo. Mas não é, de forma alguma, um mapa delineado do futuro. Uma armadilha na qual muitos investidores caem é aquilo que chamo de "falácia dos historiadores-profetas": uma confiança excessiva em dados do passado como se fossem um sinal das condições futuras, em um campo no qual a inovação e a mudança são a força vital do progresso.

Não se pode culpar os investidores por fazerem isso. Para quem enxerga investimentos como uma ciência exata, a história deve mesmo ser um guia perfeito para o futuro. Os geólogos são capazes de observar um bilhão de anos de dados históricos e elaborar modelos de como a Terra se comporta. Assim como os meteorologistas. E os médicos — bem, os rins funcionam da mesma forma em 2020 como funcionavam em 1020.

Contudo, os investimentos não são uma ciência exata. São um grupo enorme de pessoas que tomam decisões imperfeitas com informações limitadas sobre coisas que terão um grande impacto em seu bem-estar, algo que pode provocar aflição, ganância e paranoia até mesmo em pessoas inteligentes. O renomado físico Richard Feynman disse uma vez: "Imagine só como a física seria bem mais difícil se os elétrons tivessem sentimentos." Bem, os investidores têm sentimentos. Muitos. E é por isso que é difícil prever o que eles vão fazer no futuro com base apenas no que fizeram no passado.

A pedra angular da economia é que as coisas mudam com o tempo, porque a mão invisível odeia que qualquer coisa permaneça boa demais ou ruim demais por muito tempo. O investidor Bill Bonner descreveu como o "Senhor Mercado" funciona: "Ele está usando uma camiseta escrito 'Capitalismo funcionando' e segurando uma marreta." Poucas coisas permanecem iguais por muito tempo, o que significa que não podemos tratar historiadores como profetas.

A força motriz mais importante de qualquer aspecto relacionado ao dinheiro são as histórias que as pessoas contam a si mesmas e as preferências que têm por produtos e serviços. Essas coisas tendem a não ficar paradas. Elas mudam conforme a cultura e a geração. Estão sempre mudando e vão sempre mudar.

A armadilha mental na qual nos colocamos voluntariamente é ter uma admiração exagerada pelas pessoas que fizeram e aconteceram quando se trata de dinheiro. A vivência de eventos específicos não obrigatoriamente qualifica um indivíduo para saber o que acontecerá no futuro. Na verdade, esse quase nunca é o caso, porque a experiência provoca mais um excesso de confiança do que uma capacidade de previsão. O investidor Michael Batnick explicou isso muito bem. Confrontado com o argumento de que poucos investidores americanos estão preparados para o aumento das taxas de juros, por jamais terem vivenciado um — o último grande período de aumento das taxas de juros ocorreu há quase quarenta anos —, ele argumentou que não fazia diferença, porque vivenciar ou mesmo estudar eventos do passado pode não servir como um guia para o que acontecerá quando houver um aumento das taxas no futuro:

> E daí? O aumento das taxas hoje seria semelhante ao último ou ao penúltimo aumento? Cada uma das classes de ativos vai se comportar de maneira parecida, idêntica ou completamente oposta?
> Por um lado, as pessoas que tinham investimentos durante os eventos de 1987, 2000 e 2008 vivenciaram mercados totalmente diferentes. Por outro, não é possível que essa experiência possa levar ao excesso de confiança? A uma recusa de admitir um erro? A um apego aos desfechos anteriores?

Quando confiamos demais na história dos investimentos como um guia para o que vai acontecer no futuro, duas coisas perigosas acontecem.

1. Aumenta a probabilidade de deixarmos passar despercebidos os eventos mais transformadores.

Os eventos mais importantes nos dados históricos são pontos fora da curva, momentos que ficam gravados. São eles que promovem transformações na economia e no mercado de ações. A Grande Depressão. A Segunda Guerra Mundial. A bolha das pontocom. O Onze de Setembro. A crise imobiliária de meados dos anos 2000. Um punhado de eventos atípicos desempenha papel importantíssimo porque acabam por influenciar diversos eventos não relacionados.

Quinze bilhões de pessoas nasceram nos séculos XIX e XX. Mas tente imaginar como a economia global — e o mundo — seria diferente hoje se apenas sete delas jamais tivessem existido:
- Adolf Hitler
- Josef Stálin
- Mao Tsé-tung
- Gavrilo Princip
- Thomas Edison
- Bill Gates
- Martin Luther King Jr.

Eu não saberia nem mesmo dizer se essa é a lista mais relevante. No entanto, quase tudo a respeito do mundo hoje em dia — das fronteiras à tecnologia, passando pelas normas sociais — seria diferente se essas sete pessoas não tivessem deixado a sua marca. Outra forma de ilustrar isso é dizer que 0,00000000004% das pessoas foi responsável talvez pela maior parte dos rumos que o mundo tomou no século passado.

A mesma coisa vale para projetos, inovações e acontecimentos. Imagine o século passado sem:
- A Grande Depressão
- A Segunda Guerra Mundial
- O Projeto Manhattan
- As vacinas

- Os antibióticos
- A ARPANET
- O Onze de Setembro
- A queda da União Soviética

Quantos projetos e acontecimentos ocorreram durante todo século XX? Bilhões, trilhões — vai saber. Mas esses oito, por si só, impactaram a ordem mundial em um grau de magnitude bem maior que os demais.

Os eventos de cauda costumam ser subestimados com a mesma facilidade com que subestimamos a composição. Por exemplo, o Onze de Setembro levou o Fed a cortar as taxas de juros, o que ajudou a impulsionar a bolha imobiliária, o que acabou resultando em uma crise financeira, que então afetou a oferta de empregos, o que levou dezenas de milhões de pessoas a buscar uma formação universitária, que por fim resultou em 1,6 trilhão de dólares em empréstimos estudantis com uma taxa de inadimplência de 10,8%. Não é intuitivo associar dezenove sequestradores ao fardo atual dos empréstimos estudantis, mas é isso que acontece em um mundo impulsionado por alguns eventos de cauda extremos.

A maior parte das coisas que acontecem em um determinado momento na economia global pode estar ligada a um punhado de eventos passados impossíveis de prever.

O enredo mais comum da história da economia é o papel que as surpresas desempenham. Surpresas não ocorrem porque nossos modelos estão errados ou porque nossa inteligência é baixa. Elas ocorrem, porque, na noite que antecedeu em nove meses o nascimento de Adolf Hitler, as probabilidades de que os pais dele brigassem ou de que concebessem um filho eram as mesmas. Tecnologia é algo difícil de prever, porque Bill Gates poderia ter morrido de poliomielite se Jonas Salk tivesse se irritado e desistido de sua busca por uma vacina. O motivo pelo qual não fomos capazes de prever o aumento do volume de empréstimos estudantis é porque um segurança do aeroporto tinha a mesma probabilidade de confiscar ou não a faca usada por um dos sequestradores do Onze de Setembro. Apenas isso.

A questão é que, frequentemente, usamos eventos como a Grande Depressão e a Segunda Guerra Mundial como base para formular nossas visões de "pior cenário possível" em relação aos retornos de investimentos futuros. No entanto, esses eventos históricos não tiveram precedentes. Portanto, as previsões que presumem que os piores (e os melhores) eventos do passado corresponderão aos piores (e aos melhores) eventos do futuro não estão sendo fiéis à história; estão presumindo, sem embasamento, que o histórico de ausência de precedentes não se aplica a eventos futuros.

Nassim Nicholas Taleb escreveu em seu livro *Iludidos pelo acaso*:

> No Egito dos faraós, (...) os escribas rastrearam a marca da maré alta do Nilo e a usaram como uma estimativa de "pior cenário possível". O mesmo comportamento pode ser observado em relação ao reator nuclear de Fukushima, que sofreu uma falha catastrófica em 2011, devido a um tsunami. Ele havia sido construído para resistir ao pior terremoto já visto no passado, sem que os engenheiros tenham imaginado coisas bem piores — desconsiderando, portanto, que o pior evento passado, obrigatoriamente, havia sido uma surpresa, uma vez que não tinha precedentes.

Isso não é falha de cálculo. É falta de imaginação. Chegar à conclusão de que o futuro pode não se parecer em nada com o passado é um tipo especial de habilidade que não costuma ser apreciada pela comunidade de previsões financeiras.

Em um jantar em Nova York em 2017, no qual eu estive presente, Daniel Kahneman foi questionado sobre como os investidores deveriam reagir quando as previsões se mostram erradas. A resposta dele foi:

> Sempre que somos surpreendidos por alguma coisa, mesmo quando admitimos que cometemos um erro, dizemos: "Ah, nunca mais vou cometer esse erro de novo." Porém, a verdade é que se existe algo que devemos aprender quando cometemos um erro por não termos previsto algum aspecto é que o mundo é mesmo difícil de prever. Essa é a lição correta a ser extraída com as surpresas: o mundo é surpreendente.

A lição correta a ser extraída com as surpresas é que o mundo é surpreendente. Não que devemos usar as surpresas do passado como guia para os limites do futuro, mas que devemos usar as surpresas do passado para admitir que não temos a menor ideia do que pode acontecer no futuro.

Os eventos econômicos mais importantes do futuro — os mais transformadores — são coisas sobre as quais a história nos dá pouca ou nenhuma pista. Serão eventos sem precedentes. Essa natureza sem precedentes significa que não estaremos preparados para eles, o que é parte do que os torna tão impactantes. Isso vale tanto para eventos assustadores, como recessões e guerras, quanto para eventos positivos, como inovações.

Eu confio nessa previsão porque transformações que motivaram surpresas foi a previsão mais precisa em praticamente todos os momentos históricos.

2. A história pode ser um guia enganoso para o futuro da economia e do mercado de ações porque não leva em conta as mudanças estruturais relevantes para o mundo atual.

Vejamos algumas das mais importantes.

O plano de aposentadoria 401(k) existe há 42 anos. A conta Roth IRA é mais recente ainda, tendo sido criada na década de 1990. Portanto, o aconselhamento financeiro pessoal e a análise sobre como os americanos planejam suas aposentadorias hoje em dia não são diretamente comparáveis ao que fazia sentido uma única geração atrás. Temos novas opções. As coisas mudaram.

Ou o capital de risco, por exemplo. Ele mal existia 25 anos atrás. Hoje, existem fundos de capital de risco que, sozinhos, são maiores do que a indústria inteira de uma geração anterior.[40] Em suas memórias, o fundador da Nike, Phil Knight, escreveu sobre os seus primeiros dias no mundo dos negócios:

> Não existia capital de risco. Um jovem aspirante a empresário tinha poucos lugares aos quais recorrer, e esses lugares eram todos guardados por porteiros avessos ao risco e sem um pingo de imaginação. Ou seja, banqueiros.

O que isso significa, na verdade, é que todos os dados históricos que datam de apenas algumas décadas sobre como as startups são financiadas estão desatualizados. O que sabemos sobre ciclos de investimento e taxas de fracasso em startups não é uma base histórica profunda da qual podemos tirar alguma lição, porque a forma como as empresas são financiadas hoje em dia é um novo paradigma histórico.

Ou as bolsas de valores, por exemplo. O S&P 500 não incluía ações financeiras até 1976; hoje, elas representam 16% do índice. As ações de empresas de tecnologia eram virtualmente inexistentes cinquenta anos atrás. Atualmente, elas compõem mais de um quinto do índice. As regras de contabilidade mudaram ao longo do tempo. O mesmo aconteceu com os comunicados, as auditorias e o grau de liquidez do mercado. As coisas mudaram.

O intervalo entre as recessões nos Estados Unidos mudou drasticamente nos últimos 150 anos:

O tempo médio entre as recessões cresceu de cerca de dois anos no final do século XIX para cinco no início do século XX, e oito no último meio século.

Enquanto escrevo este livro, parece que estamos entrando em uma recessão — doze anos desde que a última teve início, em dezembro de 2007. Essa é a maior lacuna entre recessões desde antes da Guerra Civil.

Existem muitas teorias sobre por que as recessões se tornaram menos frequentes. Uma delas diz que o Fed se tornou melhor em gerir, ou pelo menos estender, o ciclo de negócios. Outra diz que a indústria pesada era mais propensa a ciclos de superprodução do que as indústrias de serviços que têm dominado a economia nos últimos cinquenta anos. A parte ruim é que, apesar de hoje termos menos recessões, quando elas ocorrem são mais poderosas do que antes. Para o nosso argumento, aqui, não importa muito o que ocasionou a mudança. O que importa é que as coisas claramente mudaram.

Para ilustrar como essas mudanças históricas devem afetar as decisões de investimento, vejamos o trabalho de um homem que muitos acreditam ser uma das maiores mentes de todos os tempos quando se fala de investimentos: Benjamin Graham.

O livro clássico de Graham, *O investidor inteligente*, é muito mais do que teoria. Ele oferece orientações práticas, como fórmulas que os investidores podem usar para tomar decisões de investimento inteligentes.

Li o livro de Graham quando era adolescente, e pela primeira vez aprendi sobre como investir. As fórmulas apresentadas no livro eram atraentes para mim, porque são um passo a passo sobre como ficar rico. Basta segui-las. Parecia muito fácil.

No entanto, uma coisa fica nítida quando você tenta pôr algumas dessas fórmulas em prática: poucas delas funcionam de verdade.

Graham defendia a compra de ações que estivessem sendo negociadas por menos do que seus ativos operacionais líquidos — basicamente, o dinheiro em conta menos todas as dívidas. Isso parece incrível, mas poucas ações são negociadas tão barato assim — exceto, digamos, *penny stocks* acusadas de fraude contábil.

Um dos critérios de Graham orientava os investidores conservadores a evitar a compra de ações por mais de 1,5 vez o valor contábil. Se você seguisse essa regra na última década, não teria comprado quase nada além de ações de seguradoras e bancos. Não há nenhum universo em que isso seja normal.

O investidor inteligente é um dos livros de investimentos mais importantes de todos os tempos. Contudo, não conheço um único investidor que tenha implementado bem as fórmulas prescritas por Graham. O livro é cheio de sabedoria — talvez mais do que qualquer outro já publicado sobre o assunto. Mas, enquanto guia prático, é, no mínimo, questionável.

O que aconteceu? Graham era um *showman* que soava plausível, mas cujos conselhos não funcionavam? De modo algum. Na verdade, ele era um investidor extremamente bem-sucedido.

Mas Graham também era prático. E nadava sempre contra a corrente. Ele não tinha interesse em investir em ideias que teria que manter depois que muitos outros investidores adotassem as mesmas teorias, deixando-as tão populares que o potencial delas se tornaria inútil. Jason Zweig — que publicou uma versão comentada do livro de Graham — escreveu certa vez:

> Graham estava constantemente testando e retestando suas suposições em busca do que funcionava — não do que funcionava no passado, mas no presente. A cada edição revisada de *O investidor inteligente*, Graham descartava as fórmulas que apresentava na

anterior e as substituía por outras, novas, declarando, de certa forma, que "aquelas não funcionavam mais, pelo menos não tão bem quanto costumavam; essas aqui são as que parecem funcionar melhor agora".

Uma das críticas mais comuns feitas a Graham é que todas as fórmulas da edição de 1972 são antiquadas. A única resposta adequada a essa crítica é dizer: "Claro que são! São as fórmulas que ele utilizou para substituir as fórmulas da edição de 1965, que substituíram as fórmulas da edição de 1954, que, por sua vez, substituíram as da edição de 1949, que eram um desenvolvimento das fórmulas originais que ele havia apresentado em 1934 no livro *Security Analysis* [Análise de ações, em tradução livre]."

Graham morreu em 1976. Se as fórmulas que ele defendia foram descartadas e atualizadas cinco vezes entre 1934 e 1972, você acha que seriam relevantes em 2020? Ou que serão em 2050?

Pouco antes de morrer, perguntaram se ele continuava defendendo a análise detalhada de ações individuais — a tática que o deixou famoso. Sua resposta foi:

> Em geral, não. Não sou mais um defensor de técnicas elaboradas de análise de títulos para encontrar oportunidades mais valiosas. Isso dava retorno, digamos, quarenta anos atrás, quando saiu a primeira edição de *Security Analysis*. A situação mudou muito desde então.[41]

O que mudou foi: a competição aumentou à medida que as oportunidades se tornaram mais conhecidas, a tecnologia tornou a informação mais acessível e as indústrias se transformaram à medida que a economia mudou do setor industrial para o de tecnologia, que tem diferentes ciclos de negócios e usos de capital.

As coisas mudaram.

Uma peculiaridade interessante da história dos investimentos é que, quanto mais para trás você olha, maior a probabilidade de estar examinando uma realidade que não se aplica aos dias de hoje. Muitos investidores e economistas se apoiam no fato de que suas previsões são embasadas em décadas, até mesmo séculos, de dados. Entretanto, uma vez que as economias estão sempre em evolução, a história recente é quase sempre o melhor guia para o futuro, porque é mais provável que ela inclua condições essenciais que serão relevantes no futuro.

Existe uma frase comum entre os investidores, em geral usada como deboche, que diz: "Dessa vez é diferente." Se você tiver que argumentar com alguém que está prevendo que o futuro não vai espelhar perfeitamente o passado, diga: "Ah, então você acha que dessa vez é diferente?", e pronto. A frase saiu da afirmação do investidor John Templeton de que "as quatro palavras mais perigosas no setor de investimentos são 'dessa vez é diferente'".

Templeton, no entanto, admitiu que costuma ser diferente em pelo menos 20% das vezes. O mundo muda. É óbvio. E essas mudanças são o que mais importa ao longo do tempo. Michael Batnick afirmou: "As catorze palavras mais perigosas no setor de investimentos são 'as quatro palavras mais perigosas no setor de investimentos são "dessa vez é diferente"'."

Isso não significa que devemos ignorar a história ao pensar sobre dinheiro. Contudo, há um detalhe importante: quanto mais para trás na história você olha, mais genéricas devem ser as lições que você tira. Noções gerais sobre a relação das pessoas com a ganância e o medo, sobre como se comportam sob estresse e sobre como respondem aos incentivos tendem a ser estáveis no tempo. A história do dinheiro é útil para esse tipo de coisa.

Porém, tendências específicas, negócios específicos, setores específicos, relações causais específicas sobre as bolsas e o que as pessoas devem fazer com seu dinheiro são sempre um exemplo de trabalho em andamento. Historiadores não são profetas.

A questão que fica, então, é como devemos pensar e planejar o futuro? Vamos dar uma olhada nisso no próximo capítulo.

13.
Margem para imprevistos

A parte mais importante de um plano é ter um plano para quando o plano não estiver saindo de acordo com o plano.

Alguns dos melhores exemplos de comportamento financeiro inteligente podem ser encontrados em lugares bem pouco prováveis: os cassinos de Las Vegas. Não entre todos os jogadores, é claro. Mas um pequeno grupo de jogadores de blackjack que pratica a contagem de cartas pode ensinar às pessoas comuns algo muito importante sobre como administrar dinheiro: a importância da margem para imprevistos.

Os fundamentos da contagem de cartas no blackjack são simples:
- Ninguém tem como saber com certeza qual carta o crupiê vai tirar.
- No entanto, ao manter um registro de quais cartas já entraram no jogo, você tem como determinar quais cartas ainda estão na pilha.
- Ao fazer isso, você tem como saber *a probabilidade* de uma determinada carta ser sacada pelo crupiê.

Enquanto jogador, você aposta mais quando a probabilidade de obter a carta que deseja está a seu favor e menos quando está contra.

A mecânica dessa estratégia não é importante aqui. O que importa é que um contador de cartas de blackjack sabe que está em um jogo de probabilidades, não de certezas. Em qualquer mão em particular eles sabem que têm uma boa chance de estarem certos, mas também que há uma chance razoável de estarem errados. Pode parecer estranho dizer isso de um apostador, mas a estratégia deles depende da humildade — humildade em admitir que eles não sabem e que não têm como saber com certeza absoluta o que vai acontecer na próxima jogada. O sistema de contagem de cartas funciona porque faz com que as probabilidades pendam um pouco mais a favor do jogador do que da casa. Contudo, mesmo quando os números parecem estar a seu favor, se você apostar demais e errar pode acabar perdendo tanto dinheiro que não haverá mais o suficiente para continuar na mesa.

Em momento nenhum você terá um grau de certeza tão grande que lhe permita apostar todas as fichas. O mundo não é generoso assim com ninguém — pelo menos não de forma ininterrupta. É preciso haver margem para imprevistos. Você tem que ter um plano para quando o plano não estiver saindo de acordo com o plano.

Kevin Lewis, um contador de cartas de sucesso que inspirou o livro *Quebrando a banca*, adaptado para o cinema em 2008, escreveu a respeito dessa filosofia:

> Embora seja estatisticamente comprovado que a contagem de cartas funciona, ela não garante que você vai sair ganhando em todas as mãos, nem em todas as vezes que for ao cassino. Precisamos nos certificar de que temos dinheiro suficiente para atravessar eventuais marés de azar.
>
> Vamos supor que você tenha uma vantagem de aproximadamente 2% sobre o cassino. Isso significa que o cassino ainda vai sair ganhando em 49% das vezes. Portanto, é preciso ter dinheiro suficiente para resistir a todas as oscilações que vão contra você. Uma regra prática é que você deve ter pelo menos

cem unidades básicas. Supondo que você comece com 10 mil dólares, poderá jogar confortavelmente tomando cem dólares como uma unidade.

A história está repleta de boas ideias que foram levadas longe demais, o que faz com que sejam difíceis de distinguir das más ideias. A beleza da margem para imprevistos é que ela admite que a incerteza, a aleatoriedade e o acaso — "o desconhecido" — são parte integrante da vida. A única forma de lidar com eles é reduzindo a distância entre o que você acha que vai acontecer e o que é *possível* que aconteça, sem, no entanto, perder o poder de ação.

Benjamin Graham ficou famoso por seu conceito de margem de segurança. Ele escreveu sobre isso de modo amplo, e em detalhes matemáticos. Mas meu resumo preferido da teoria dele, que ele mesmo citou em uma entrevista, é o seguinte: "O objetivo da margem de segurança é fazer com que a previsão não seja necessária."

Não tenho palavras para expressar o quão poderosa é uma declaração tão simples como essa.

A margem de segurança — um outro nome para a margem para imprevistos — é a única forma eficaz de navegar com segurança em um universo governado pela probabilidade e não pela certeza. E quase tudo relacionado ao dinheiro está dentro desse universo.

Fazer previsões precisas é difícil. Isso é algo óbvio para o contador de cartas, porque ninguém tem como saber onde está uma determinada carta em uma pilha que foi embaralhada. Mas é menos óbvio para aqueles que perguntam: "Qual será o retorno médio anual do mercado de ações nos próximos dez anos?" ou

"Quando vou poder me aposentar?". Mas é tudo essencialmente a mesma coisa. O melhor que podemos fazer é pensar nas probabilidades.

A margem de segurança de Graham é uma sugestão simples de que não precisamos enxergar o mundo como ou preto ou branco, ou previsível ou uma roleta. A forma mais inteligente de proceder é mirar no meio-termo — a região que admite uma ampla gama de resultados. Mas as pessoas subestimam a necessidade da margem para imprevistos em quase tudo que envolve dinheiro. Os analistas de ações dão a seus clientes metas de preços, não faixas de preços. Os analistas econômicos fazem previsões com cifras exatas, raramente com probabilidades amplas. O especialista que fala com segurança inabalável ganhará um número muito maior de seguidores do que aquele que diz "Não temos como saber ao certo" e menciona apenas as probabilidades.[42]

Fazemos isso em todo tipo de empreendimento financeiro, sobretudo naqueles relacionados às nossas próprias decisões. O psicólogo Max Bazerman, de Harvard, demonstrou certa vez que, ao analisar os planos de reforma da casa de outra pessoa, a maioria estima que o projeto ficará entre 25% e 50% acima do orçamento.[43] Mas, quando se trata dos próprios projetos, as pessoas estimam que as reformas serão concluídas no prazo e no orçamento previstos. Doce ilusão.

Dois fatores nos levam a evitar a margem para imprevistos. O primeiro é a ideia de que tem que existir alguém que saiba o que o futuro nos reserva, que surge diante do mal-estar em admitir que não há. O segundo é que, portanto, você estará causando prejuízo a si mesmo se não tomar atitudes baseadas integralmente na perspectiva de que essas previsões para o futuro vão se concretizar.

Mas a margem para imprevistos é subestimada e mal compreendida. Muitas vezes, ela é vista como um dispositivo conservador, empregado por pessoas que não querem correr riscos ou que não estão seguras de seus pontos de vista. Mas, quando aplicada da maneira adequada, ela representa justamente o oposto.

A margem para imprevistos permite que você sobreviva a uma série de resultados possíveis, e a sobrevivência permite que você continue no jogo por tempo suficiente até tirar proveito de um resultado de baixa probabilidade. Os maiores ganhos ocorrem com pouca frequência, seja porque não acontecem sempre, seja porque precisam de tempo para crescer. Portanto, a pessoa com margem suficiente para imprevistos em uma parte da estratégia (dinheiro) que lhe permita sobreviver às dificuldades de outra parte (ações) tem uma vantagem sobre a pessoa que perde tudo quando comete um único erro.

Bill Gates compreendeu isso muito bem. Quando a Microsoft era uma empresa recém-criada, ele disse que "apresentou uma abordagem incrivelmente conservadora de querer ter saldo suficiente no banco para cobrir a folha de pagamento de um ano inteiro, por mais que não tivesse entrado dinheiro nenhum". Warren Buffett expressou uma ideia semelhante quando disse aos acionistas do Berkshire Hathaway em 2008: " Prometi — a vocês, às agências de classificação de risco e a mim mesmo — sempre administrar o Berkshire com bem mais dinheiro do que o suficiente. [...] Se eu tivesse que escolher, não trocaria uma única noite de sono pela chance de aumentar meus lucros."[44]

Existem algumas questões específicas que deveriam fazer os investidores pensarem na margem para imprevistos.

Uma delas é a volatilidade. Você é capaz de sobreviver a uma desvalorização de 30% nos seus ativos? Na planilha, talvez sim

— em termos de pagar suas contas e manter o fluxo de caixa positivo. Mas e em termos psicológicos? É fácil subestimar o que uma desvalorização de 30% pode fazer ao seu emocional. Sua confiança pode sofrer um abalo justamente em um pico de oportunidade. Você — ou seu cônjuge — pode decidir que é hora de um novo plano ou uma nova carreira. Conheço vários investidores que desistiram depois de sofrerem perdas porque estavam exaustos. Fisicamente exaustos. Planilhas são boas para nos dizer se a conta fecha ou não. Mas não são boas em predizer como você se sentirá quando for colocar seus filhos para dormir e a sua cabeça não parar de se questionar se as suas decisões de investimento foram equivocadas e talvez prejudiciais para o futuro deles. A lacuna entre aquilo a que você é capaz de sobreviver em termos técnicos e aquilo que é psicologicamente suportável é uma manifestação da margem para imprevistos muitas vezes deixada de lado.

Outra são os planos para a aposentadoria. Podemos analisar o passado e constatar, por exemplo, que o mercado de ações dos Estados Unidos tem oferecido um retorno médio anual de 6,8%, descontada a inflação, desde a década de 1870. É razoável usar isso para fazer uma estimativa do que esperar da sua própria carteira de investimentos ao juntar dinheiro para a aposentadoria. Você pode usar essa expectativa de retorno para determinar a quantia que precisa economizar todo mês para chegar ao valor desejado.

Mas e se os retornos futuros forem menores? Ou se a história de longo prazo for uma boa estimativa para o futuro de longo prazo, mas sua data planejada de aposentadoria acabar caindo no meio de uma baixa brutal do mercado, como em 2009? E se uma queda do mercado fizer você se assustar e vender tudo, perdendo uma alta que viria depois, de forma que seu lucro na prática acaba sendo menor do que a média do mercado? E se você precisar dispor do dinheiro da poupança aos 30 anos para pagar por uma despesa médica?

A resposta para essas perguntas é: "Você não vai mais poder se aposentar como queria." O que tende a um desastre.

A solução é simples: leve em consideração a margem para imprevistos ao estimar seus retornos futuros. Isso é mais uma arte do que uma ciência. Para os meus próprios investimentos, que descrevo em mais detalhes no Capítulo 20, estimo que os meus retornos futuros serão um terço menores do que a média histórica. Portanto, economizo mais do que economizaria se eu presumisse que o futuro será parecido com o passado. É minha margem de segurança. Pode ser que o futuro se mostre pior do que um terço a menos do que no passado, mas nenhuma margem de segurança oferece garantia absoluta. Um terço de proteção é o suficiente para que eu possa dormir em paz. E se o futuro se provar parecido com o passado, terei uma ótima surpresa. "A melhor forma de alcançar a felicidade é mirar baixo", disse Charlie Munger. Maravilhoso.

Um importante primo da margem para imprevisto é o que chamo de viés de otimismo na relação com o risco, ou síndrome de "as estatísticas são favoráveis na roleta-russa": apegar-se às probabilidades positivas mesmo quando o lado negativo não é aceitável sob hipótese alguma.

Nassim Nicholas Taleb disse: "Você pode ser capaz de amar o risco e, ao mesmo tempo, ser totalmente avesso à falência." E, de fato, é recomendado ser assim.

O conceito central aqui é que é preciso assumir riscos para progredir, mas nenhum risco capaz de levá-lo à falência vale a pena. A probabilidade está a seu favor na roleta-russa, mas o lado negativo não compensa o potencial positivo. Não há margem de segurança capaz de compensar esse risco.

O mesmo se aplica ao dinheiro. As probabilidades de muitas coisas lucrativas estão a seu favor. Os preços dos imóveis sobem quase todos os anos; na maior parte do tempo você recebe um salário ao final de cada mês. No entanto, se algo tem 95% de chance de dar certo, os 5% restantes de chances de dar errado significam que é muito provável que você experimente o lado negativo em algum momento da vida. E se o custo do lado negativo for a falência, o lado positivo em 95% do tempo restante não vale o risco, independentemente do quão atraente pareça.

E o que costuma causar problemas neste campo é a alavancagem — assumir dívidas para fazer seu dinheiro ir mais longe. Ela faz com que riscos banais se transformem em algo capaz de levar qualquer um à falência. O perigo é que, na maioria das vezes, o otimismo racional mascara as probabilidades de falência. O resultado é que subestimamos sistematicamente o risco. O preço dos imóveis caiu 30% na última década. Algumas empresas não honraram suas dívidas. O capitalismo é isso. Coisas assim acontecem. Mas aqueles com alta alavancagem sofreram um duplo revés: não apenas faliram, como perderam a chance de estar no jogo no momento em que as oportunidades estiverem melhores. Um proprietário falido em 2009 não teve a chance de aproveitar as taxas de hipotecas mais baratas em 2010. O Lehman Brothers não teve chance de investir em dívidas baratas em 2009. Já estava acabado.

Para contornar isso, penso em meu próprio dinheiro como um haltere. Em uma ponta corro riscos, na outra fico apavorado. Isso não é incoerência, ainda que a psicologia financeira o leve a acreditar que seja. Quero apenas me certificar de que posso permanecer de pé tempo suficiente para que meus riscos sejam compensados. É preciso sobreviver para ter sucesso. Para repetir um ponto que enfatizamos algumas vezes neste livro: a capacidade de fazer o que quiser, quando quiser, por quanto tempo quiser, tem um retorno infinito.

A margem para imprevistos faz mais do que abrir sua cabeça em relação àquilo que pode acontecer. Ela também ajuda a protegê-lo de coisas inimagináveis, que podem ser os eventos mais catastróficos com os quais vamos nos deparar.

A Batalha de Stalingrado, na Segunda Guerra Mundial, foi a maior batalha de todos os tempos. Ela nos oferece histórias igualmente impressionantes da maneira que as pessoas lidavam com o risco.

Uma delas se passou no final de 1942, quando uma unidade de tanques alemã da reserva estava em uma zona rural afastada da cidade. Quando os tanques se tornaram desesperadamente necessários na linha de frente, aconteceu uma coisa que surpreendeu a todos: quase nenhum funcionou.

Dos 104 tanques da unidade, menos de vinte estavam em estado de operação. Os engenheiros identificaram rapidamente o problema. O historiador William Craig escreveu: "Durante as semanas de inatividade nas linhas de reserva, ratos-do-campo fizeram ninhos dentro dos veículos e roeram todo o isolamento que recobria os sistemas elétricos."

Os alemães detinham o equipamento mais sofisticado do mundo. No entanto, lá estavam eles, derrotados por roedores.

É possível imaginar o quanto eles ficaram incrédulos. Provavelmente jamais cogitaram aquilo. Que tipo de projetista de tanques se preocupa com proteção contra ratos? Nenhum que se preze. Nem mesmo um que tenha estudado a história dos tanques.

No entanto, esse tipo de coisa acontece o tempo todo. Você pode fazer planos considerando todos os riscos, menos as coisas que são tão absurdas que jamais vão passar pela sua cabeça. E essas coisas absurdas podem provocar danos ainda mais graves, porque acontecem com mais frequência do que se imagina, mas não há nenhum plano para lidar com elas.

Em 2006, Warren Buffett anunciou que estava em busca de seu eventual substituto. Ele disse que precisava de alguém "geneticamente programado para identificar e evitar riscos graves, inclusive aqueles nunca antes vistos".

Observei essa habilidade em ação com startups que a minha empresa, a Collaborative Fund, apoiou. Peça ao fundador de uma companhia para listar os maiores riscos de uma empreitada, e você vai ver os mesmos itens de sempre. No entanto, além das dificuldades previsíveis ao se montar uma startup, eis aqui alguns dos problemas que enfrentamos em empresas do nosso portfólio:

- O encanamento de água estourou, inundando o escritório e estragando tudo que havia nele.
- Um escritório foi invadido três vezes seguidas.
- Uma empresa foi expulsa de sua fábrica.
- Uma loja foi fechada depois que uma cliente ligou para a vigilância sanitária para fazer uma reclamação porque outro cliente havia entrado ali com um cachorro.
- O e-mail do CEO foi hackeado em meio a um processo de angariamento de fundos que exigia toda a atenção dele.
- O fundador de uma das empresas teve um colapso nervoso.

Vários desses eventos foram cruciais para o futuro das respectivas empresas. Mas nenhum deles era previsível, porque nada parecido havia acontecido anteriormente com os CEOs que tiveram que lidar com esses problemas — nem com qualquer pessoa que eles conhecessem, inclusive. Era um território desconhecido.

Evitar riscos desconhecidos assim é, quase que por definição, impossível. Você não tem como se preparar para aquilo que não pode imaginar.

Se há uma forma de se proteger contra os danos que eles provocam é evitar os pontos únicos de falha.

Uma regra válida para muitas coisas na vida é que tudo que pode quebrar um dia vai acabar quebrando. Portanto, se muitos fatores dependem do bom funcionamento de uma única coisa, e essa coisa pode quebrar, uma catástrofe é questão de tempo. Isso é um ponto único de falha.

Algumas pessoas são notavelmente boas em evitar pontos únicos de falha. A maioria dos sistemas críticos de aviões possuem backups, e esses backups costumam ter os próprios backups. Os jatos modernos possuem quatro sistemas elétricos redundantes. Você pode voar com uma turbina só e, tecnicamente, pousar sem nenhuma, uma vez que todo jato deve ser capaz de parar em uma pista apenas com os freios, sem a reversão dos motores. Pontes suspensas também podem perder muitos de seus cabos sem desabar.

O maior ponto único de falha relacionado ao dinheiro é a dependência exclusiva de um contracheque para financiar seus gastos de curto prazo, sem nenhuma economia que preencha o espaço entre o que você acredita que serão suas despesas e o que elas podem vir a ser no futuro.

A questão aqui, que muitas vezes passa despercebida — mesmo aos mais ricos —, é o que vimos no Capítulo 10: perceber que você não precisa de um motivo específico para guardar dinheiro. Não tem problema nenhum economizar para comprar um carro ou uma casa, ou para se aposentar. Mas é igualmente importante guardar dinheiro para coisas que você não tem como prever ou mesmo compreender — o equivalente financeiro aos ratos-do-campo.

Prever como você vai usar as suas economias pressupõe que você vive em um mundo no qual sabe exatamente quais serão as suas despesas no futuro, algo que ninguém sabe. Eu economizo muito, e não faço ideia de como vou usar esse dinheiro no futuro. Poucos planejamentos financeiros que se preparam apenas para os riscos conhecidos têm margem de segurança suficiente para se sustentarem no mundo real.

Na verdade, a parte mais importante de um plano é ter um plano para quando o plano não estiver saindo de acordo com o plano.

Agora, permita que eu demonstre como isso se aplica a você.

14.
Você vai mudar

Fazer planejamentos de longo prazo é mais difícil do que parece, porque os objetivos e os desejos das pessoas mudam com o tempo.

C RESCI COM UM amigo que não dispunha de privilégios materiais nem intelectuais, mas que era o sujeito mais trabalhador que eu conhecia.

Pessoas como ele têm muito a ensinar, porque possuem um entendimento bruto de cada passo do caminho para o sucesso.

A missão e o sonho da vida dele, desde a adolescência, era ser médico. Dizer que as probabilidades não estavam a seu favor seria bondade. Nenhuma pessoa sensata, na época, sequer cogitaria aquilo como uma possibilidade.

Mas ele perseverou. E, mesmo dez anos mais tarde que seus colegas de classe, enfim se tornou médico.

Qual o grau de satisfação proporcionado por ter começado do nada, aberto caminho até a faculdade de medicina e se formado em uma das profissões mais nobres, sendo que todas as probabilidades jogavam contra?

Falei com ele alguns anos atrás. A conversa foi mais ou menos assim:

Eu: "Quanto tempo! Como você est…"

Ele: "Que trabalho horrível."

Eu: "Rá, rá, bem…"

Ele: "Que trabalho horrível, cara."

A conversa seguiu assim por dez minutos. O estresse e a carga de trabalho o haviam esgotado. O grau de decepção dele com a situação atual parecia ser tão grande quanto a motivação que ele tivera para chegar no lugar em que está, quinze anos atrás.

Um dos alicerces da psicologia é o fato de que as pessoas são péssimas em prever o próprio futuro.

Ter um objetivo em mente é fácil e divertido. Ter um objetivo em mente no contexto das tensões da vida real que surgem a partir da competitividade é algo totalmente diferente.

Isso tem grande impacto em nossa capacidade de planejar nossas metas financeiras.

Todo menino de 5 anos quer dirigir um trator quando crescer. Poucos trabalhos parecem melhores aos olhos de um menino do que um que começa e termina com *"Vrum rum, bip bip,* trator passando, aí vou eu!"*.

No entanto, muitos crescem e percebem que dirigir um trator talvez não seja a melhor das carreiras. Talvez eles queiram algo mais prestigioso ou mais lucrativo.

Então, na adolescência, eles sonham em ser advogados. Agora eles acham — *têm certeza* — que o plano está definido. Faculdade de direito e sua alta mensalidade, aí vou eu.

Porém, enquanto advogados, eles enfrentam jornadas de trabalho tão longas que raramente veem suas famílias.

Aí, quem sabe, talvez eles aceitem um emprego de baixa remuneração, com horários mais flexíveis. Depois, percebem que criar filhos é tão caro que consome a maior parte daquele salário, e optam por ficarem em casa para cuidar das crianças. Eles chegam à conclusão de que aquela é, finalmente, a escolha certa.

Então, aos 70 anos, eles percebem que, tendo passado a vida inteira em casa, não juntaram dinheiro suficiente para a aposentadoria.

Muitos de nós atravessamos a vida em uma trajetória semelhante. Apenas 27% das pessoas com diploma universitário trabalham com algo relacionado à graduação que cursaram, de acordo com o Fed.[46] Vinte e nove por cento dos pais que optaram por ficar em casa para cuidar dos filhos têm diploma universitário.[47] Poucos provavelmente se arrependem de terem estudado, é claro. Mas é preciso admitir que um pai de primeira viagem na casa dos 30 pensa sobre seus objetivos de vida de uma forma que o seu eu de 18 anos, cheio de planos de carreira, jamais imaginaria.

O planejamento financeiro de longo prazo é essencial. Mas as coisas mudam — tanto o mundo ao seu redor quanto os seus próprios objetivos e desejos. Uma coisa é dizer: "Não sei o que o futuro nos reserva." Outra é admitir que você mesmo não sabe hoje o que você vai querer no futuro. E a verdade é que poucos de nós sabemos. É difícil tomar decisões duradouras, de longo prazo, quando a probabilidade de os seus desejos mudarem é alta.

"Ilusão do fim da história" é nome que os psicólogos dão à tendência que temos de, apesar de estarmos plenamente cientes de como mudamos em relação ao passado, subestimarmos o quanto nossa personalidade, nossos desejos e nossos objetivos podem mudar no futuro. O psicólogo Daniel Gilbert, de Harvard, disse certa vez:

> Em cada fase, tomamos decisões que vão influenciar profundamente a vida das pessoas que vamos nos tornar e, então, quando nos tornamos essas pessoas, nem sempre ficamos entusiasmados com as decisões que tomamos. É por isso que jovens adultos pagam um bom dinheiro para remover as tatuagens que os

adolescentes pagaram um bom dinheiro para fazer. Pessoas de meia-idade correm para se divorciar de pessoas com quem jovens adultos correram para se casar. Idosos se esforçam muito para gastar o que as pessoas de meia-idade se esforçaram muito para ganhar. E assim por diante.[48]

"Todos nós", disse ele, "carregamos conosco uma ilusão — a ilusão de que a história, a nossa história pessoal, acabou de chegar ao fim, de que acabamos de nos tornar as pessoas que sempre estivemos destinadas a ser, e que vamos ser assim pelo resto da vida." Temos a tendência de nunca aprender essa lição. A pesquisa de Gilbert mostra que pessoas dos 18 aos 68 anos subestimam o quanto mudarão no futuro.

É possível enxergar os impactos que isso provoca em um planejamento financeiro de longo prazo. Charlie Munger disse que a primeira regra da composição é jamais interrompê-la desnecessariamente. Mas como não interromper um planejamento financeiro — carreiras, investimentos, gastos, orçamentos, qualquer coisa — quando seus desejos em relação à vida mudam? É difícil. Parte da razão pela qual pessoas como Ronald Read — o faxineiro milionário que conhecemos no início do livro — e Warren Buffett se tornaram tão bem-sucedidos é porque eles continuaram fazendo a mesma coisa por décadas a fio, deixando a composição correr solta. Porém, muitos de nós mudamos tanto ao longo da vida que não queremos continuar fazendo a mesma coisa por décadas a fio. Nem nada parecido. Portanto, em vez de uma vida útil de 80 e poucos anos, nosso planejamento financeiro talvez tenha quatro blocos distintos de vinte.

Conheço jovens que vivem convictamente vidas austeras, com poucos rendimentos, e que estão perfeitamente felizes com isso.

Depois, existem aqueles que trabalham duro para pagar por uma vida de luxo, e estão perfeitamente felizes com isso. Ambos os grupos correm riscos — o primeiro, o de não estar preparado para criar uma família ou arcar com as despesas na aposentadoria; o segundo, o de se arrepender de ter desperdiçado toda a juventude e a saúde trancado em um escritório.

Não existe solução fácil para esse problema. Diga a um menino de 5 anos que ele deveria ser advogado em vez de dirigir um trator, e ele vai discordar de você com todas as forças.

No entanto, é preciso ter em mente duas coisas antes de tomar decisões que você imagina serem de longo prazo.

Devemos evitar os extremos do planejamento financeiro. Presumir que você será feliz com uma renda muito baixa ou optar por trabalhar por longas jornadas em busca de uma renda mais alta faz com que as chances de arrependimento sejam maiores. O combustível da ilusão do fim da história é que as pessoas se adaptam à maioria das circunstâncias, então os benefícios de um plano extremo — a simplicidade de ter quase nada ou a emoção de ter quase tudo — se desgastam. Contudo, as desvantagens desses extremos — não ter dinheiro para a aposentadoria ou se arrepender de ter passado a vida pensando só em dinheiro — se tornam lamentações eternas. Arrependimentos são particularmente dolorosos quando você abandona um plano que estava em vigor e tem a sensação de que precisa correr atrás do prejuízo com o dobro da velocidade para recuperar o tempo perdido.

A composição funciona melhor quando você pode dar anos, ou até décadas, a um plano para que ele cresça. Isso vale não apenas na hora de juntar dinheiro, mas também para carreiras e relacionamentos. O segredo está na perseverança. E quando levamos em conta nossa tendência de mudança ao longo do tempo, o equilíbrio em cada ponto da vida se torna uma estratégia essencial para evitar arrependimentos no futuro e alimentar essa perseverança.

Ter, ao longo de todos os momentos de sua vida profissional, uma poupança anual moderada, um tempo livre moderado, não mais do que uma distância moderada do trabalho e, no mínimo, um tempo moderado com sua família aumenta as chances de sermos capazes de cumprir com o planejado e evita possíveis arrependimentos caso qualquer uma dessas coisas penda para um dos extremos do espectro.

Devemos também aceitar o fato de que nossa cabeça muda. Alguns dos trabalhadores mais infelizes que conheci são pessoas que permanecem leais a uma determinada carreira somente porque foi o campo que eles escolheram na hora de optar por um curso universitário quando tinham 18 anos. Quando você aceita que a ilusão do fim da história existe, percebe que são mínimas as chances de que, ao chegar à idade de se aposentar, ainda vai estar gostando de um emprego que escolheu quando mal tinha idade para beber.

O segredo aqui é aceitar que a mudança é um fato e tomar providências o mais rápido possível.

Jason Zweig, colunista de finanças do *The Wall Street Journal*, trabalhou com o psicólogo Daniel Kahneman na redação do livro *Rápido e devagar*. Zweig uma vez contou uma história sobre um traço da personalidade de Kahneman que combinava muito bem com ele: "Nada me surpreendeu mais em Danny do que a capacidade que ele possuía de detonar o que havíamos acabado de fazer", escreveu Zweig. Ele e Kahneman poderiam trabalhar incessantemente em um capítulo, mas:

De uma hora pra outra, [Kahneman] enviava uma versão tão completamente reescrita que era irreconhecível: começava de maneira diferente, terminava de maneira diferente, incorporava anedotas e evidências nas quais você jamais teria pensado, baseava-se em pesquisas nas quais você nunca tinha ouvido falar.

"Quando perguntei a Danny como ele conseguia recomeçar do zero daquele jeito, como se nem mesmo existisse rascunho", continuou Zweig, "ele disse algo que jamais esqueci: 'Para mim, não existem custos irrecuperáveis'."[49]

Custos irrecuperáveis — ancorando decisões em esforços passados que não podem ser reembolsados — são o diabo em um mundo onde as pessoas mudam com o tempo. Eles tornam nossos eus futuros prisioneiros de nossos eus passados. É o equivalente a um estranho tomando decisões importantes por você.

Abraçar a ideia de que metas financeiras feitas quando você era uma pessoa diferente devem ser abandonadas sem dó, em vez de mantê-las "respirando por aparelhos", pode ser uma ótima estratégia para minimizar arrependimentos futuros.

Quanto mais rápido isso é feito, mais cedo você pode voltar à composição.

A seguir, vamos falar sobre o preço que a composição cobra.

15.
Nada é de graça

Tudo tem um preço, mas nem todo preço vem escrito em uma etiqueta.

Tudo tem um preço, e em muitos casos relacionados a dinheiro a questão é simplesmente descobrir esse preço e estar disposto a pagá-lo.

O problema é que o preço de muitas coisas não está claro até que você as experimente na prática e a conta já está atrasada.

A General Electric era a maior empresa do mundo em 2004, valendo um terço de um trilhão de dólares. Fora sempre a primeira ou segunda colocada a cada ano na década anterior, um exemplo brilhante de aristocracia corporativa oferecido pelo capitalismo.

Então, tudo se desfez.

A crise financeira de 2008 levou a divisão de finanças da GE — responsável por mais da metade dos lucros da empresa — ao caos. No fim das contas, ela foi vendida como sucata. As apostas subsequentes em petróleo e em energia foram desastrosas, resultando em perdas na casa dos bilhões. As ações da GE despencaram de quarenta dólares em 2007 para 7 dólares em 2018.

O CEO Jeff Immelt — que dirigia a empresa desde 2001 — foi imediatamente responsabilizado, sem piedade. Ele foi criticado por sua liderança, suas aquisições, pelo corte de dividendos, pela demissão de trabalhadores e — é claro — pela queda do preço das ações. Com razão: aqueles que são recompensados com uma fortuna digna de reis quando os tempos são bons carregam o peso da responsabilidade quando a maré está baixa. Ele deixou o cargo em 2017.

Mas Immelt disse uma coisa perspicaz em sua saída.

Respondendo aos críticos que haviam dito que suas ações tinham sido equivocadas e que o que ele deveria ter feito era óbvio, Immelt disse a seu sucessor: "Todo trabalho parece fácil quando não é você quem está fazendo."

Todo trabalho parece fácil quando não é você quem está fazendo porque os desafios enfrentados por quem está no centro da arena são muitas vezes invisíveis para a plateia.

Lidar com as demandas conflitantes envolvendo crescimento desordenado, investidores de curto prazo, agências reguladoras, sindicatos e uma burocracia interminável não só é difícil, como também é difícil compreender a gravidade desses problemas até que seja você a estar lidando com eles. O sucessor de Immelt, que durou catorze meses no cargo, também aprendeu essa lição.

A maioria das coisas é mais difícil na prática do que na teoria. De vez em quando isso acontece porque temos excesso de confiança. Mas, na maioria das vezes, ocorre porque não somos bons em identificar o preço do sucesso, o que nos impede de pagá-lo.

O S&P 500 aumentou 119 vezes de valor nos cinquenta anos entre 1968 e 2018. Bastava sentar-se e deixar o seu dinheiro render. Mas, claro, investir com sucesso parece fácil quando não é você que está fazendo.

"Mantenha suas ações por longo prazo", você vai ouvir. É um bom conselho.

Mas você sabe como é difícil manter uma perspectiva de longo prazo quando as ações estão despencando?

Como todas as coisas que valem a pena, um investimento bem-sucedido cobra um preço. Mas esse preço não é medido em dólares. Ele é medido em volatilidade, em medo, em dúvida, em incerteza e em arrependimento — aspectos muito fáceis de serem ignorados até que seja você a lidar com eles em tempo real.

A incapacidade de reconhecer que investir tem um preço pode nos fazer tentar conseguir as coisas sem nenhum custo. Algo que, assim como assaltar um banco, raramente termina bem.

Digamos que você queira comprar um carro novo, que custa 30 mil dólares. Você tem três opções: 1) pagar os 30 mil, 2) encontrar um usado mais barato, ou 3) roubá-lo. Nesse caso, 99% das pessoas sabem evitar a terceira opção, pois as consequências de roubar um carro superam as vantagens.

Mas digamos que você queira ter um retorno anual de 11% pelos próximos trinta anos para poder se aposentar em paz. Esta recompensa vem de graça? Claro que não. O mundo nunca é tão bom assim. Existe uma etiqueta de preço, uma conta que precisa ser paga. Nesse caso é a provocação sem fim do mercado, que dá grandes retornos e os leva embora com a mesma rapidez. Incluindo os dividendos, o índice Dow Jones deu um retorno de cerca de 11% ao ano de 1950 a 2019, o que é ótimo. Mas o preço do sucesso durante esse período foi terrivelmente alto. Os trechos sombreados no gráfico mostram quando ele caiu pelo menos 5% abaixo da máxima vigente.

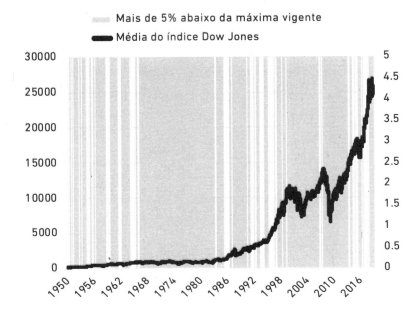

Este é o preço que o mercado retorna. É essa a taxa. O valor do ingresso. E ele dói.

Como a maior parte dos produtos, quanto maior o retorno, maior o preço. As ações da Netflix valorizaram mais de 35.000% de 2002 a 2018, mas foram negociadas abaixo da máxima anterior em 94% dos dias. A Monster Beverage, fabricante da bebida energética Monster, deu um retorno de 319.000% de 1995 a 2018 — entre os maiores da história —, mas foi negociada abaixo de sua máxima anterior em 95% do tempo durante esse período.

Agora, eis aqui a parte importante. Assim como o carro, você tem algumas opções: você pode pagar esse preço, aceitando a volatilidade e a turbulência. Ou pode encontrar um ativo com menos incertezas e um retorno menor, o equivalente ao carro de segunda mão. Ou pode tentar o equivalente ao roubo do século: obter o retorno, mas evitar a volatilidade atrelada a ele.

Muitas pessoas, ao investir, escolhem a terceira opção. Assim como um ladrão de carros — apesar de serem bem-intencionadas e seguidoras da lei —, essas pessoas elaboram truques e estratégias para obter retorno sem pagar o preço. Elas operam *day trade*. Tentam vender antes da próxima recessão e comprar antes do próximo *boom*. A maioria dos investidores, mesmo com um pouco de experiência, sabe que a volatilidade é algo real e comum. Muitos, então, fazem o que parecem ser a coisa mais óbvia: tentam escapar dela.

Mas os "Deuses do Capital" não têm em alta conta aqueles que buscam recompensas sem pagar o devido preço. Alguns ladrões de carro vão escapar impunes. Muitos mais serão julgados e condenados.

O mesmo vale para os investimentos.

A Morningstar certa vez examinou o desempenho de bons fundos mútuos, cuja estratégia é alternar entre ações e títulos de acordo com o que for mais favorável, obtendo retornos com menor risco de queda.[50] Eles querem os retornos sem pagar o preço. O estudo se concentrou no período de meados de 2010 ao final de 2011, quando os mercados de ações dos Estados Unidos entraram em pânico diante do medo de uma nova recessão e o S&P 500 caiu mais de 20%. Aquele era precisamente o tipo de ambiente em que os fundos táticos deveriam funcionar. Era a hora de brilhar.

Existiam, pela contagem da Morningstar, 112 fundos mútuos táticos durante aquele período. Apenas nove tiveram retornos melhores do que um simples fundo misto 60/40 de ações e títulos. Menos de 25% dos fundos tiveram perdas menores do que os índices regulares. A Morningstar escreveu: "Com algumas exceções, [os fundos táticos] renderam menos, foram mais voláteis ou estiveram sujeitos ao mesmo percentual de risco de queda" quanto os fundos "não táticos".

Investidores individuais também caem nessa armadilha ao escolherem os seus próprios investimentos. O investidor médio de fundos de ação teve desempenho 0,5% ao ano inferior se comparado aos próprios fundos em que ele investiu, de acordo com a Morningstar — resultado das operações de compra e venda, quando o certo deveria ter sido comprar e manter.[51]

A ironia é que, ao tentar evitar pagar o preço, os investidores acabam pagando o dobro.

De volta à GE. Um de seus muitos defeitos vem de uma época sob o comando do ex-CEO Jack Welch. Welch ficou famoso por garantir que os lucros trimestrais por ação superassem as estimativas de Wall Street. Ele era o gênio. Se os analistas de Wall Street previssem que cada ação valeria 0,25 dólar, Jack alcançava 0,26, independentemente do estado dos negócios ou da economia. Ele fazia isso massageando os números — em uma forma bondosa de colocar —, muitas vezes antecipando ganhos de trimestres futuros, de modo a fazer os números saudarem obedientemente seu mestre.

A *Forbes* relatou um entre dezenas de exemplos: "Por dois anos consecutivos, [a General Electric] 'vendeu' locomotivas para parceiros financeiros não identificados em vez de usuários finais, em transações que deixaram a maior parte dos riscos inerentes à posse nas mãos da GE."[52]

Welch nunca negou esse jogo. Em seu livro *Jack: definitivo*, ele escreveu:

> A resposta de nossos líderes empresariais às crises foi típica da cultura da GE. Mesmo que a contabilidade do trimestre já esti-

vesse fechada, muitos imediatamente se ofereceram para ajudar a cobrir a lacuna [nos ganhos]. Alguns diziam ser capazes de encontrar 10 milhões, 20 milhões ou até mesmo 30 milhões de dólares extras em seus negócios para compensar os imprevistos.

O resultado foi que, sob a liderança de Welch, os acionistas não tiveram que pagar o preço. Eles obtiveram consistência e previsibilidade — uma ação que subia ano após ano, sem as surpresas da incerteza. Mas um dia, como era esperado, a conta chegou. Os acionistas da GE atravessaram uma década inteira de perdas gigantescas, que antes haviam sido evitadas por manobras contábeis. Os ganhos decimais da gestão de Welch se transformaram em perdas volumosas.

O exemplo mais curioso desse tipo de conduta vem dos gigantes hipotecários falidos Freddie Mac e Fannie Mae, que no início dos anos 2000 foram pegos reportando lucros bilhões de dólares *abaixo* dos valores reais, na intenção de distribuir esses ganhos em períodos futuros, para dar aos investidores uma ilusão de tranquilidade e de previsibilidade.[53] A ilusão de não ter que pagar o preço.

A questão é: por que tantas pessoas dispostas a pagar o preço de carros, de casas, de comida e de férias se esforçam tanto para evitar pagar o preço do retorno dos bons investimentos?

A resposta é simples: o preço do sucesso do investimento não é óbvio logo de cara. Não é como uma etiqueta de preço que você pode ver. Assim, quando a conta chega, ela não soa como a taxa paga para se obter uma coisa boa. Ela soa como uma multa por ter feito algo de errado. E embora as pessoas em geral aceitem o pagamento de taxas, multas são coisas a serem evitadas. É preciso tomar decisões que prevejam, e evitem, as multas. Sejam multas de trânsito ou da Receita Federal, o significado por trás delas é o de que você fez algo errado e merece ser punido. A reação natural de quem vê sua riqueza diminuir e enxerga essa diminuição como uma multa é evitar novas multas.

Parece trivial, mas pensar na volatilidade do mercado como uma taxa em vez de uma multa é uma parte importante do desenvolvimento de uma mentalidade que lhe permita permanecer por tempo suficiente no jogo para que os ganhos dos investimentos ajam a seu favor.

Poucos investidores estão dispostos a dizer: "Tudo bem se eu perder 20% do meu dinheiro, de verdade." Isso é mais difícil ainda para investidores iniciantes, que nunca experimentaram uma perda dessa magnitude.

Mas, se você encara a volatilidade como uma taxa, a aparência de tudo isso muda.

O valor médio do ingresso para um parque da Disney é de cem dólares. Mas você terá um dia inesquecível com os seus filhos. Em 2019, mais de 18 milhões de pessoas acharam que valia a pena pagar essa taxa. Poucas achavam que os cem dólares eram uma punição ou uma multa. O benefício que vem em troca de uma taxa fica muito mais nítido quando estamos cientes de que estamos pagando uma.

O mesmo vale para os investimentos, em que a volatilidade é quase sempre uma taxa, não uma multa.

Os retornos do mercado não vêm de graça, e nunca virão. Como qualquer outro produto, eles exigem que você pague um preço. Você não é obrigado a pagar essa taxa, da mesma forma que não é obrigado a ir à Disney. Você pode ir ao parque de diversões da sua cidade, no qual os ingressos custam dez vezes menos, ou ficar em casa sem pagar nada. Pode ser que você se divirta da mesma forma. Mas o mais provável é receber pelo que pagou. Com o mercado de ações é a mesma coisa. A taxa de volatilidade/incerteza — o preço pago pelos retornos — é como um ingresso, que nos permite obter lucros maiores do que nos "parques de diversão mais baratos", que operam com títulos.

O segredo é estar convicto de que a taxa do mercado vale a pena. Essa é a única forma de lidar bem com a volatilidade e a incerteza — não apenas tolerar o pagamento da taxa, mas perceber que vale a pena pagá-la.

Não há nenhuma garantia de que valerá. Às vezes, chove na Disney.

No entanto, se você enxerga o ingresso como uma multa, jamais vai apreciar a magia.

Descubra qual é o preço e pague-o.

16.
Você & Eu

Cuidado com as dicas financeiras de pessoas que jogam um jogo diferente do seu.

O ESTOURO DA bolha das pontocom no início dos anos 2000 reduziu a riqueza das famílias em 6,2 trilhões de dólares. O estouro da bolha imobiliária tirou mais de 8 trilhões.

É difícil descrever o quanto as bolhas financeiras podem ser devastadoras em termos sociais. Eles acabam com vidas inteiras.

Por que essas coisas acontecem? E por que continuam acontecendo? Por que não aprendemos a lição?

A resposta mais comum nessas horas é que as pessoas são gananciosas, e que a ganância é uma característica imutável da natureza humana.

Isso pode ser verdade, e é uma resposta que satisfaz a maioria das pessoas. Mas lembre-se do Capítulo 1: ninguém é maluco. As pessoas se arrependem das decisões financeiras que tomam, amparadas muitas vezes em informações escassas e sem nenhuma lógica. Mas as decisões faziam sentido para elas quando foram tomadas. Culpar a ganância pelas bolhas e não se aprofundar na questão nos faz ignorar importantes lições sobre como e por que as pessoas racionalizam o que, em retrospectiva, parecem ter sido decisões gananciosas.

Parte da razão pela qual é difícil aprender com as bolhas é que elas não são como um tumor, em que basta uma biópsia para termos um diagnóstico preciso. Elas são mais próximas da ascensão e da queda de um partido político, em que o resultado só é visto em retrospectiva, mas não há consenso no que diz respeito às causas e à culpa.

A competição pelos retornos nos investimentos é feroz, e todo mundo quer ter todos os ativos que deseja. Isso significa que o mero conceito de bolha será sempre polêmico, porque ninguém quer acreditar que possui um ativo supervalorizado. Em retrospecto, é mais provável que sejamos cínicos e apontemos culpados, em vez de extrairmos lições.

Acredito que jamais seremos capazes de explicar integralmente por que as bolhas ocorrem. É como perguntar por que as guerras ocorrem — quase sempre existem inúmeros motivos, muitos conflitantes, todos controversos.

É um assunto complicado demais para admitir respostas simples.

Mas gostaria de propor uma explicação para elas que passa despercebida e se aplica a você: ingenuamente, investidores, muitas vezes, aceitam sugestões de outros investidores que estão jogando um jogo diferente.

Existe uma noção em finanças que parece inofensiva, mas que já provocou danos incalculáveis.

É a de que os ativos têm um preço racional em um mundo onde os investidores têm objetivos e horizontes de tempo diferentes.

Quanto você pagaria por uma ação do Google hoje?

A resposta depende de quem esse "você" é.

Você tem um horizonte de tempo de trinta anos? Então, o preço inteligente a pagar envolve uma análise sóbria dos fluxos de caixa descontados do Google para os próximos trinta anos.

Você planeja sacar o seu dinheiro em dez anos? Então, o preço a pagar deve ser determinado por uma análise do potencial da indústria de tecnologia na próxima década, e da capacidade da administração do Google de pôr em prática a visão dela.

Você pretende vender daqui a um ano? Então fique atento aos atuais ciclos de vendas de produtos do Google e às eventuais quedas do mercado.

Você é um *day trader*? Então, o preço inteligente a pagar é "qualquer um", porque você está apenas tentando ganhar algum dinheiro com aquilo que acontece entre agora e a hora do almoço, o que pode ser feito a qualquer preço.

Quando investidores têm objetivos e horizontes de tempo diferentes — e isso existe em todas as classes de ativos —, preços que parecem absurdos para uma pessoa podem fazer sentido para outra, porque os fatores aos quais esses investidores prestam atenção são diferentes.

Veja a bolha das pontocom nos anos 1990.

As pessoas podem olhar para uma ação do Yahoo! em 1999 e dizer: "Isso era loucura! O valor era um zilhão de vezes a receita! Não fazia sentido nenhum!"

Mas muitos investidores que detinham ações do Yahoo! em 1999 tinham horizontes de tempo tão curtos que *fazia sentido para eles* pagar um preço absurdo. Um *day trader* podia conseguir o que desejasse não importando se a ação do Yahoo! valesse cinco ou quinhentos dólares, desde que ela se movesse na direção certa naquele dia. E assim foi, ao longo de anos.

Uma regra de ouro das finanças é que o dinheiro persegue ao máximo os lucros. Se um ativo pega embalo — vem subindo de forma consistente há algum tempo —, não é loucura que um grupo de *traders* de curto prazo presuma que ele continuará a subir. Não indefinidamente; apenas pelo curto período que eles precisam. Esse embalo atrai um volume razoável de investidores de curto prazo.

E é aí que a coisa dispara.

As bolhas se formam quando o embalo dos retornos atrai dinheiro suficiente para que o perfil dos investidores mude, deixando de ser uma maioria de longo prazo e passando para uma maioria de curto prazo.

Esse processo se retroalimenta. Conforme os *traders* fazem subir os retornos de curto prazo, cada vez mais *traders* são atraídos. Em algum tempo — ou às vezes em um piscar de olhos —, os dominantes na fixação de preços são aqueles com o horizonte de tempo mais curto.

Bolhas não estão propriamente relacionadas ao aumento de valor das ações. Isso é apenas um sintoma de outra coisa: os horizontes de tempo vão encolhendo à medida que mais *traders* de curto prazo entram em campo.

É comum dizer que a bolha das pontocom foi uma época de otimismo irracional em relação ao futuro. Mas, com frequência, as manchetes daquela época anunciavam um volume recorde de negócios, que é o que acontece quando investidores estão comprando e vendendo *no mesmo dia*. Os investidores — principalmente os que definiam os preços — não estavam pensando nos vinte anos pela frente. Um fundo mútuo mediano tinha um faturamento anual de 120% em 1999, o que significa que eles estavam, no máximo, pensando nos oito meses seguintes. O mesmo valia para os investidores individuais que compravam esses fundos mútuos. Maggie Mahar escreveu em seu livro *Bull!*:

> Em meados dos anos 1990, a imprensa substituiu os resultados anuais por relatórios trimestrais. A mudança estimulou os investidores a privilegiarem o melhor desempenho, correndo para comprar fundos do topo das paradas, justamente quando eles estavam mais caros.

Foi a era do *day trading*, dos contratos de curto prazo e das análises de mercado de última hora. Não é o tipo de coisa que você associa a uma visão de longo prazo.

A mesma coisa aconteceu durante a bolha imobiliária de meados dos anos 2000.

É difícil ver sentido em pagar 700 mil dólares por uma casa de dois quartos na Flórida para formar a sua família pelos próximos dez anos. Mas faz todo o sentido se você planeja revender a casa dali a alguns meses, em um mercado com preços em alta, para ganhar um lucro rápido. Era exatamente isso que muitas pessoas estavam fazendo durante a bolha.

Dados da Attom, uma empresa que rastreia transações imobiliárias, mostram que o número de casas nos Estados Unidos vendidas mais de uma vez em um período de doze meses aumentou cinco vezes durante a bolha, de 20 mil no primeiro trimestre do ano 2000 para mais de 100 mil no primeiro trimestre de 2004.[54] Após a bolha, esse número despencou para menos de 40 mil por trimestre, e permanece nesse patamar até hoje.

Você acha que esses investidores se importavam com as relações entre o preço e o aluguel de longo prazo? Ou com o fato de que os preços pagos estavam sendo sustentados pelo crescimento da renda a longo prazo? Claro que não. Esses números não eram relevantes para o jogo deles. A única coisa que importava era que, no mês seguinte, o preço da casa fosse maior do que no mês em que a adquiriram. E, por muitos anos, foi.

Muita coisa pode ser dita sobre esses investidores. Podemos chamá-los de especuladores. Podemos dizer que são irresponsáveis. Podemos condenar a disposição deles em assumir riscos tão altos.

Mas não acho que podemos chamar todos eles de irracionais.

As bolhas não se formam porque as pessoas estão se envolvendo de maneira irracional em investimentos de longo prazo. Elas se formam quando as pessoas se movem com ligeira racionalidade em direção ao *trading* de curto prazo para surfar no embalo que estava se retroalimentando.

O que você espera que as pessoas façam quando o embalo cria um grande potencial de retorno de curto prazo? Que elas fiquem paradas, olhando pacientemente a situação? Jamais. Não é assim que o mundo funciona. As pessoas estão sempre correndo atrás dos lucros. E os *traders* de curto prazo operam em uma área onde as regras que regem o investimento de longo prazo — sobretudo em relação ao valor dos ativos — não são levadas em conta, porque são irrelevantes para o jogo que está sendo jogado.

É aí que as coisas ficam interessantes e os problemas começam.

As bolhas se tornam nocivas quando os investidores de longo prazo, que jogam um determinado jogo, começam a seguir as sugestões dos operadores de curto prazo, que jogam outro.

As ações da Cisco tiveram uma valorização de 300% em 1999, chegando aos sessenta dólares. Com esse valor, a empresa estava avaliada em 600 bilhões de dólares, o que era uma loucura. Alguns acreditaram de verdade que ela valia tudo aquilo; já os *day traders* estavam só se divertindo. O economista Burton Malkiel notou certa vez que a taxa de crescimento implícita naquele valor significava que a Cisco se tornaria maior do que toda a economia dos Estados Unidos em um prazo de 20 anos.

No entanto, se você fosse um investidor de longo prazo em 1999, sessenta dólares era o único preço disponível para aquelas ações. E muitas pessoas estavam pagando esse preço. Talvez você tivesse olhado em volta e dito a si mesmo: "Uau, esses outros investidores devem saber de algo que não sei." Talvez você fosse na onda. Ou até mesmo se sentisse um pouco esperto ao tomar aquela decisão.

Talvez você não tivesse percebido que os *traders* que definiam o custo marginal da ação estavam jogando um jogo diferente do seu. Sessenta dólares por ação era um preço razoável para os *traders*, porque eles planejavam revendê-la antes do fim do dia, quando o preço, provavelmente, estaria maior. Mas sessenta dólares era um desastre para você, porque você planejava manter aquelas ações no longo prazo.

Esses dois investidores raramente estão conscientes da existência um do outro. Porém, eles estão no mesmo campo, correndo um em direção ao outro. Quando entram em rota de colisão, alguém se machuca. Muitas decisões relativas a finanças e a investimentos se baseiam em observar o que os outros estão fazendo e ou copiá-los ou apostar contra. No entanto, quando você não sabe por que uma pessoa está agindo de uma determinada forma, não tem como saber por quanto tempo continuará agindo daquela forma, nem o que a fará mudar de ideia, muito menos se aprenderá a lição. Quando um analista financeiro diz na TV que "você tem que comprar essas ações", lembre-se de que ele não sabe quem você é. Você é um adolescente operando *day trade* por diversão? Uma viúva idosa com um orçamento limitado? O gerente de um fundo de hedge tentando salvar a contabilidade antes que o trimestre acabe? É sensato acreditar que essas três pessoas possuem as mesmas prioridades, e que, seja qual for o preço pelo qual uma determinada ação está sendo negociada, que ela é uma boa opção para todas elas?

Claro que não. É loucura.

É difícil entender que investidores diferentes possuem objetivos diferentes dos nossos, porque é uma tendência humana não perceber que pessoas racionais podem enxergar o mundo por uma lente diferente da sua. Uma alta nos preços atrai todos os investidores de maneira geral, de um jeito que causa inveja nos melhores profissionais de marketing. É como uma droga capaz de transformar os investidores mais cautelosos em otimistas incorrigíveis, descolados da própria realidade devido às atitudes de alguém que está jogando um jogo diferente do que eles jogam.

Ser influenciado por pessoas que jogam um jogo diferente também pode interferir na forma como você decide gastar o seu dinheiro. Boa parte do consumo, sobretudo nos países desenvolvidos, é motivada por aspectos sociais: sutilmente influenciado por pessoas que você admira, na esperança sutil de que as pessoas também o admirem.

Entretanto, embora possamos ver quanto dinheiro os outros gastam com carros, casas, roupas e férias, não temos como enxergar seus objetivos, suas preocupações e suas aspirações. Um jovem advogado que pretende ser sócio de um escritório de advocacia de prestígio pode precisar manter uma aparência que eu, um escritor que pode trabalhar de moletom, não tenho necessidade de manter. Porém, se as compras dele definirem as minhas expectativas particulares, sigo o caminho rumo à decepção, porque estou gastando o mesmo dinheiro sem receber o impulso na carreira que ele recebe. Não é nem mesmo uma questão de estilo. Estamos simplesmente jogando jogos diferentes. Levei anos para entender isso.

A lição, aqui, é que poucas coisas são mais importantes quando se trata de dinheiro do que entender seu próprio horizonte de tempo, e não se deixar influenciar por ações e comportamentos de pessoas que jogam um jogo diferente do que o que você está jogando.

Minha principal recomendação é fazer um esforço para identificar qual jogo você está jogando.

É surpreendente como poucos de nós fazemos isso. Chamamos todo mundo que investe de "investidor", como se fossem jogadores de basquete, todos jogando o mesmo jogo com as mesmas regras. Quando você se dá conta do quanto essa noção é equivocada, percebe como é vital o simples ato de identificar o jogo que você está jogando. Detalho no Capítulo 20 a forma como invisto meu dinheiro, mas, anos atrás, escrevi: "Sou um investidor passivo, otimista em relação à capacidade do mundo de gerar crescimento econômico real, e estou confiante de que pelos próximos trinta anos esse crescimento impulsionará os meus investimentos."

Pode parecer estranho, mas depois de escrever essa declaração de missão, percebi que tudo que não estava relacionado a ela — o desempenho do mercado esse ano ou a expectativa de uma recessão no próximo — fazia parte de um jogo que eu não estava jogando. Portanto, não presto atenção a essas coisas e não corro o risco de ser influenciado por elas.

A seguir, vamos falar sobre pessimismo.

17.
A sedução do pessimismo

O otimismo soa da mesma forma que um vendedor oferecendo um produto. O pessimismo, da mesma forma que alguém oferecendo ajuda.

> *"Por razões que nunca entendi, as pessoas gostam de ouvir que o mundo está indo ladeira abaixo."*
> — Deirdre McCloskey, historiador

O otimismo é a aposta mais comum porque as coisas tendem a melhorar para a maioria das pessoas na maior parte do tempo.

Mas o pessimismo ocupa um lugar especial em nossos corações. O pessimismo não é apenas mais comum que o otimismo. Ele parece também mais esperto, é intelectualmente cativante e recebe mais atenção do que o otimismo, que muitas vezes é visto como uma aversão ao risco.

Antes de prosseguirmos, precisamos definir o que é otimismo. Os verdadeiros otimistas não acreditam que tudo vai dar certo. O nome dessa atitude é complacência. O otimismo é a crença de que as chances de um bom resultado estão a seu favor ao longo do tempo, mesmo que haja contratempos pelo caminho. A simples noção de que a maioria das pessoas acorda de manhã tentando tornar as coisas um pouco melhores e mais produtivas, em vez de procurando causar problemas, é a base do otimismo. Não é tão complicado assim. Mas também não é garantido. É simplesmente a aposta mais razoável para a maioria das pessoas, na maioria das vezes. O falecido estatístico Hans Rosling expressou isso de uma outra forma: "Não sou otimista. Sou profundamente possibilista."

Agora, sim, podemos falar sobre o irmão mais atraente do otimismo: o pessimismo.

Dia 29 de dezembro de 2008.
O pior ano para a economia da história moderna está prestes a terminar. Os mercados de ações em todo o planeta haviam despencado. O sistema financeiro global estava respirando com a ajuda de aparelhos. O desemprego estava aumentando.

Apesar de parecer que as coisas não tinham como piorar, o *The Wall Street Journal* publicou uma matéria defendendo que ainda não tínhamos visto nada, um artigo de primeira página sobre as perspectivas de um professor russo chamado Igor Panarin, cujas visões econômicas rivalizam com o talento dos escritores de ficção científica.

O artigo dizia:

> Por volta do fim de junho, ou início de julho, de 2010, disse [Panarin], os Estados Unidos vão se dividir em seis porções: [...] a Califórnia formando o núcleo do que ele chama de "República Californiana", e que será parte da China ou estará sob a influência dela. O Texas será o coração da "República do Texas", um agrupamento de estados que passarão para o controle do México ou cairão sob a influência mexicana. Washington, D.C. e Nova York farão parte dos "Estados Unidos Atlânticos", que poderão ingressar na União Europeia. O Canadá vai pegar um grupo de estados do norte que o professor Panarin chama de "República Centro-Americana". O Havaí, supõe ele, será um protetorado do Japão ou da China, e o Alasca será anexado pela Rússia.[55]

Não eram as divagações de um blog amador nem de uma newsletter de teóricos da conspiração. Era a matéria de capa do jornal financeiro de maior prestígio do mundo.

É bom ser pessimista em relação à economia. Você pode até mesmo ser apocalíptico sem problema. A história está cheia de exemplos de países que experimentaram não apenas recessões, como completas desintegrações.

O interessante sobre histórias como as do professor Panarin é que o seu oposto — previsões incorrigivelmente otimistas — raramente são levadas a sério na mesma medida que os profetas da desgraça.

O Japão do final dos anos 1940, por exemplo. A derrota na Segunda Guerra Mundial havia destruído o país em todos os sentidos — econômico, industrial, cultural e social. Um inverno brutal em 1946 provocou uma fome que limitou a alimentação a menos de oitocentas calorias diárias por pessoa.[56]

Imagine que um acadêmico japonês tivesse escrito um artigo de jornal naquela época que dissesse:

> Levantem a cabeça, pessoal. Ainda vamos testemunhar com nossos próprios olhos a economia crescer quase quinze vezes em relação ao valor de antes do fim da guerra. Nossa expectativa de vida vai quase dobrar. Nosso mercado de ações dará lucros como poucos países já viram. Vamos passar mais de quarenta anos sem ver o desemprego ir além de 6%. Nosso país será um líder mundial em inovação eletrônica e em sistemas de gestão corporativa. Em breve seremos tão ricos que vamos possuir alguns dos imóveis mais valiosos dos Estados Unidos. Os americanos, inclusive, serão os nossos aliados mais próximos, e tentarão copiar alguns dos nossos insights econômicos.

O acadêmico seria ridicularizado e chamariam um médico para avaliar a sanidade dele.

Perceba, no entanto, que a descrição acima é *o que realmente aconteceu* no Japão na geração do Pós-Guerra. Contudo, o perfeito oposto do professor Panarin parece absurdo de uma forma que as previsões catastróficas não são.

O pessimismo soa mais esperto, e mais plausível, do que o otimismo.

Quando dizemos a uma pessoa que vai ficar tudo bem, é provável que ela dê de ombros ou nos olhe com ceticismo. Quando dizemos a uma pessoa que ela está em perigo, chamamos toda a atenção dela.

Se uma pessoa inteligente me disser que tem uma seleção de ações cujo valor vai aumentar dez vezes no período de um ano, vou imediatamente descartar aquilo como um disparate.

Se uma pessoa que só fala bobagens me disser que o valor de uma ação que detenho está prestes a despencar porque se baseia em uma fraude contábil, vou parar tudo que estiver fazendo e ouvir cada palavra dela.

Diga que uma grande recessão está a caminho, e os jornalistas vão começar a ligar para você. Diga que estamos caminhando para um crescimento dentro da média, e ninguém se importará muito. Diga que estamos nos aproximando de uma nova Grande Depressão e você vai ser convidado a falar na TV. Mas fale que bons tempos estão por vir, ou que os mercados têm espaço para crescer, ou que determinada empresa tem um enorme potencial, e a reação comum dos comentaristas e espectadores é que ou você está tentando vender alguma coisa, ou que está absurdamente desatento aos riscos.

A indústria de newsletters sobre investimentos sabe disso há anos, e hoje em dia está povoada por profetas da desgraça, apesar de operar em um ambiente no qual o mercado de ações aumentou 17 mil vezes no último século (incluindo dividendos).

Isso é válido para além das finanças. Matt Ridley escreveu em seu livro *O otimista racional*:

> O ressoar constante do pessimismo geralmente abafa qualquer canção triunfalista. [...] Se você diz que o mundo está melhorando, pode acabar sendo tachado de ingênuo e insensível. Se diz que o mundo caminha para ficar cada vez melhor, é visto como maluco. Se, por outro lado, você diz que a catástrofe é iminente, pode esperar receber o prêmio McArthur ou até mesmo o Nobel da Paz. Ao longo da minha vida adulta, [...] os motivos da moda para ser o pessimista foram mudando, mas o pessimismo foi uma constante.

"Todo grupo de pessoas que eu questiono acredita que o mundo é mais assustador, mais violento e mais desesperançoso — em suma, mais dramático — do que realmente é", escreveu Hans Rosling em seu livro *Factfulness*.

Quando você descobre o volume de progresso que os humanos são capazes de fazer, em uma única geração, em relação a aspectos que vão desde o crescimento econômico às descobertas médicas, desde os ganhos no mercado de ações à igualdade social, seria natural acreditar que o otimismo receberia mais atenção do que o pessimismo. Mas não é o caso.

O fascínio intelectual do pessimismo é conhecido há muito tempo. John Stuart Mill escreveu, na década de 1840: "Tenho observado que não é o homem que tem esperança quando os demais se desesperam, mas sim o homem que se desespera quando os demais têm esperança que é admirado como um sábio por um enorme contingente de pessoas."

A questão é: por quê? E como isso afeta a forma como pensamos sobre o dinheiro?

Vamos repetir a premissa de que ninguém é maluco.

Existem razões válidas pelas quais o pessimismo é sedutor quando se trata de dinheiro. Contudo, é útil saber que razões são essas, para nos certificarmos de que não as estamos levando longe demais.

Parte disso é instintivo e inevitável. Kahneman disse que a aversão assimétrica à perda é uma proteção proporcionada pela evolução. Ele escreveu:

> Quando diretamente comparados entre si, as perdas parecem maiores que os ganhos. Essa assimetria entre o poder das expectativas, ou das experiências, positivas e negativas tem um histórico do ponto de vista evolutivo. Organismos que encaram as ameaças como sendo mais importantes do que as oportunidades têm melhores chances de sobreviver e de se reproduzir.

No entanto, alguns outros fatores fazem com que o pessimismo financeiro seja mais fácil, mais comum e mais persuasivo do que o otimismo.

Um deles é que o dinheiro é onipresente, portanto, quando algo de ruim acontece, isso tende a afetar e a chamar a atenção de todo mundo.

O mesmo não é válido, por exemplo, para a meteorologia. Um furacão que atinge a Flórida não representa nenhum risco direto para 92% dos americanos. Mas uma recessão que se abate sobre a economia pode afetar todas as pessoas — incluindo você, *então preste atenção nela.*

Isso vale mesmo para algo muito específico, a exemplo do mercado de ações. Mais da metade dos lares americanos possuem ações diretamente.[57] Mas o vaivém do mercado de ações recebe tanta atenção da mídia que o índice Dow Jones deve ser o termômetro econômico mais assistido mesmo nos lares que não têm ações.

Uma valorização de 1% nas ações pode ser brevemente mencionada no jornal da noite. Mas uma queda de 1% será noticiada em letras maiúsculas e em negrito, em geral escritas em vermelho-sangue. É difícil escapar à assimetria.

E, embora poucos questionem ou tentem explicar por que o mercado está em alta — não é isso que se espera dele? —, quase sempre há uma tentativa de explicar por que ele está em baixa.

Será que investidores estão inseguros quanto ao crescimento econômico? Será que o Fed estragou tudo de novo?

Será que os políticos estão tomando decisões ruins? Será que vem mais algum desastre por aí?

Narrativas em torno dos motivos da queda são mais fáceis de serem debatidas, geram mais preocupação e delineiam a história sobre o que você acha que vai acontecer a seguir — geralmente, mais do mesmo.

Ainda que você não tenha ações, esse tipo de coisa chama a sua atenção. Apenas 2,5% dos americanos possuíam ações às vésperas da Quebra da Bolsa de 1929 que deflagrou a Grande Depressão. Mas a maioria deles — e quiçá das pessoas do mundo — assistiu com espanto ao colapso do mercado, perguntando-se que impacto aquilo teria sobre seu próprio destino. Isso era válido quer você fosse advogado, fazendeiro ou mecânico.

O historiador Eric Rauchway escreveu:

> Essa queda no valor afetou imediatamente apenas alguns americanos. Mas outros observavam o mercado tão de perto e o consideraram tanto um índice de seus próprios destinos que subitamente pararam grande parte de sua atividade econômica. Como o economista Joseph Schumpeter escreveu mais tarde, "as pessoas acharam que o chão estava cedendo bem debaixo dos seus pés".[58]

Existem dois tópicos que afetarão a sua vida quer você esteja interessado neles ou não: dinheiro e saúde. Se por um lado os problemas de saúde tendem a ser individuais, os financeiros são mais sistêmicos. Em um sistema conectado, no qual as decisões de uma pessoa podem afetar todas as outras, é fácil entender por que os riscos financeiros ganham destaque e chamam a atenção de uma forma que poucos outros tópicos conseguem.

Outro é que, com frequência, os pessimistas extrapolam as tendências do momento sem levar em conta a capacidade de adaptação dos mercados.

Em 2008, o ambientalista Lester Brown escreveu: "Em 2030, a China precisará de 98 milhões de barris de petróleo por dia. O mundo produz atualmente 85 milhões de barris por dia, e talvez jamais passe muito disso. Lá se vão as reservas mundiais de petróleo."[59]

Ele tem razão. Nesse cenário, todo o petróleo do mundo acabaria. Mas não é assim que os mercados funcionam.

Existe uma lei de ferro na economia: circunstâncias extremamente boas e extremamente ruins quase nunca permanecem assim por muito tempo, porque a oferta e a demanda se adaptam de formas difíceis de prever.

Vejamos o que aconteceu com o petróleo logo após a previsão de Brown.

Os preços do petróleo dispararam em 2008, à medida que a crescente demanda global — em grande parte vinda da China — se aproximou do potencial de produção. Um barril de petróleo vendido por vinte dólares em 2001 custava 138 dólares em 2008.[60]

Esse novo preço significava que perfurar petróleo era como tirar ouro do solo. Os incentivos aos produtores de petróleo mudaram drasticamente. Suprimentos de petróleo de difícil extração, que não valiam o investimento com o barril a vinte dólares — o preço não cobria os custos de perfuração —, tornaram-se a bonança de uma vida inteira agora que o barril podia ser vendido a 138 dólares.

Isso desencadeou uma onda de novas tecnologias de fraturamento hidráulico e de perfuração horizontal.

A Terra teve aproximadamente a mesma quantidade de reserva de petróleo ao longo de toda a história humana. E sabemos já faz algum tempo onde estão os maiores depósitos. O que muda é a tecnologia à disposição que nos permite extraí-lo do solo de maneira economicamente viável. O historiador do petróleo Daniel Yergin escreveu: "Oitenta e seis por cento das reservas de petróleo nos Estados Unidos não foram estimadas no momento da descoberta, mas em revisões" que ocorrem quando a nossa tecnologia avança.

Foi o que aconteceu quando o fraturamento hidráulico decolou em 2008. Só nos Estados Unidos, a produção de petróleo passou de cerca de 5 milhões de barris por dia em 2008 para 13 milhões em 2019.[61] A produção mundial de petróleo está agora acima dos 100 milhões de barris por dia — cerca de 20% acima do que Brown presumiu como sendo o limite.

Para um pessimista que extrapolasse as tendências do petróleo em 2008, é claro que as coisas pareciam ruins. Para um realista que entendia que a necessidade é a mãe de todas as invenções, contudo, era muito menos assustador.

Presumir que algo ruim continuará sendo ruim é uma previsão fácil de fazer. E é sedutora, porque não exige imaginar nenhuma mudança. Mas problemas se corrigem e as pessoas se adaptam. Ameaças incentivam soluções na mesma escala. Esse é um enredo comum da história econômica facilmente esquecido pelos pessimistas que fazem previsões lineares.

**Um terceiro é que o progresso é lento
demais para que seja percebido,
enquanto os reveses acontecem rápido
demais para serem ignorados.**

Muitas tragédias ocorrem da noite para o dia, mas milagres são raros.

Em 5 de janeiro de 1889, o *Detroit Free Press* debochou do antigo sonho de que um dia o homem poderia voar como um pássaro. Aviões, escreveu o jornal, "parecem algo impossível":

> O menor peso possível de uma máquina voadora, contando o combustível necessário e o engenheiro, não poderia ser inferior a 150 ou duzentos quilos, [...] mas há um limite de peso baixo, certamente não muito além dos vinte quilos, além do qual é impossível que um animal consiga voar. A natureza atingiu esse limite e, mesmo com o máximo esforço, não conseguiu ultrapassá-lo.

Seis meses depois, Orville Wright largou o colégio para ajudar o irmão, Wilbur, a consertar o galpão nos fundos de casa para construir uma prensa móvel. Foi a primeira invenção conjunta dos irmãos. Não seria a última.

Se tivéssemos que fazer uma lista das invenções mais importantes do século XX, o avião estaria pelo menos entre as cinco primeiras, talvez até a primeira. O avião mudou *tudo*. Deu início a guerras mundiais e encerrou guerras mundiais. Conectou o mundo, construindo pontes entre cidades e comunidades rurais, entre oceanos e países.

Mas a história da missão dos irmãos Wright para construir o primeiro avião tem uma reviravolta fascinante.

Quando conseguiram voar, parecia que ninguém havia notado. Parecia que ninguém dava importância.

Em seu livro de 1952 sobre a história americana, Frederick Lewis Allen escreveu:

> Vários anos se passaram até que o público entendesse o que os irmãos Wright estavam fazendo; as pessoas estavam tão convencidas de que era impossível voar que a maioria daqueles que os viram voando sobre Dayton [Ohio] em 1905 concluiu que o que tinha visto devia ser algum tipo de truque sem nenhum significado — algo similar ao que a maioria das pessoas faria, hoje, diante de uma demonstração de telepatia, por exemplo. Foi somente em maio de 1908 — quase quatro anos e meio após o primeiro voo dos irmãos Wright — que repórteres experientes foram enviados para observar o que eles estavam fazendo, editores experientes deram total crédito aos relatos entusiasmados desses repórteres, e o mundo enfim despertou para o fato de que o ser humano havia tido êxito em voar.

Mesmo depois que as pessoas perceberam a maravilha que era o avião, elas o subestimaram por anos.

Primeiro, ele foi visto essencialmente como um dispositivo militar. Em seguida, como um brinquedinho de gente rica. Depois, como um meio de transporte para poucas pessoas.

O *The Washington Post* escreveu, em 1909: "Jamais existirão aviões de carga comerciais. Os fretes continuarão a arrastar seu lento peso pacientemente por terra." O primeiro avião de carga decolou cinco meses depois.

Agora compare esse lento despertar, de anos, até que surgisse o otimismo em relação à aviação, com a rapidez com que as pessoas prestam atenção aos profetas do pessimismo, como por exemplo os que ditam a falência de uma empresa.

Ou que preveem uma grande guerra.

Ou um *acidente* de avião. Algumas das primeiras menções ao avião dos irmãos Wright vieram em 1908, quando um tenente do exército chamado Thomas Selfridge morreu durante um voo de exibição.[62]

O crescimento é impulsionado pela composição, o que sempre demanda tempo. A destruição é impulsionada por pontos únicos de falha, que podem acontecer em segundos, e pela perda de confiança, que pode acontecer em um instante. É mais fácil criar uma narrativa em torno do pessimismo porque as peças da história tendem a ser mais recentes, estando, portanto, mais frescas. Narrativas otimistas exigem olhar para um longo trecho de história e de desenvolvimentos, dos quais as pessoas tendem a esquecer, e que exigem maior esforço para serem costurados.

Os avanços da medicina, por exemplo. Olhar para o ano passado não adianta muito. Uma década também não. Mas olhar para os últimos cinquenta anos nos mostrará algo extraordinário. Por exemplo, a taxa de mortalidade per capita ajustada à idade por doenças cardíacas diminuiu mais de 70% desde 1965, de acordo com o National Institute of Health.[63] Uma queda de 70% nas mortes por doenças cardíacas é suficiente para economizar cerca de meio milhão de vidas por ano só nos Estados Unidos. É o equivalente a poupar da morte a população de Atlanta, *ano após ano*. No entanto, como esse progresso se dá muito lentamente, ele chama menos atenção do que perdas rápidas e repentinas, a exemplo das provocadas pelo terrorismo, pelos acidentes de avião ou pelos desastres naturais. Poderíamos ter um furacão Katrina cinco vezes por semana, toda semana — imagine quanta atenção isso receberia —, que o número de mortos ainda assim seria menor do que o número de vidas salvas todo ano graças à redução nos casos de doenças cardíacas nos últimos cinquenta anos.

O mesmo se aplica aos negócios, em que são necessários anos para que a importância de um produto ou uma empresa seja percebida, mas nos quais a falência podem acontecer da noite para o dia.

E nas bolsas de valores, nas quais uma queda de 40% ocorrida ao longo de seis meses desencadeará investigações por parte do Congresso, mas uma valorização de 140% ao longo de seis anos pode passar praticamente despercebida.

E nas carreiras, em que uma reputação precisa de uma vida inteira para ser construída, e de um único e-mail para ser destruída.

O rápido golpe do pessimismo se destaca, enquanto a poderosa atração do otimismo passa despercebida.

Isso ressalta um ponto importante apresentado anteriormente neste livro: ao investir, você deve identificar o preço do sucesso — volatilidade e perda em meio a um demorado cenário de crescimento — e estar disposto a pagá-lo.

Em 2004, o *The New York Times* entrevistou o físico Stephen Hawking, tetraplégico e incapaz de falar desde os 21 anos em decorrência de uma incurável doença do neurônio motor.

Por meio de seu computador, Hawking disse ao entrevistador como estava animado para vender livros para o público leigo.

"Você é sempre assim tão alegre?", perguntou o *NYT*.

"Minhas expectativas foram reduzidas a zero quando eu tinha 21 anos. Desde então, tudo tem sido um bônus", respondeu ele.

Esperar que as coisas sejam ótimas gera um cenário ideal que parece vazio. O pessimismo reduz as expectativas, reduzindo a distância entre os resultados possíveis e os resultados que lhe proporcionam satisfação.

Talvez seja por isso que ele seja tão sedutor. Ter a expectativa de que as coisas vão dar errado é a melhor forma de ficar positivamente surpreso quando elas não dão.

O que, ironicamente, é algo que deveria nos deixar otimistas. Agora, uma breve história sobre histórias.

18.
Quando você acaba acreditando em qualquer coisa

Ficções encantadoras e por que histórias são mais poderosas do que estatísticas.

I MAGINE UM ALIENÍGENA enviado para a Terra. Seu trabalho é monitorar nossa economia.

Ele sobrevoa a cidade de Nova York, tentando avaliar a economia e a forma como ela mudou entre 2007 e 2009.

Na noite de Ano-novo de 2007 ele paira sobre a Times Square. Vê dezenas de milhares de pessoas felizes, celebrando, rodeadas por luzes brilhantes, outdoors monstruosos, fogos de artifício e câmeras de TV.

Ele viaja no tempo, vai à Times Square da noite de Ano-novo de 2009. Vê dezenas de milhares de pessoas felizes, celebrando, rodeadas por luzes brilhantes, outdoors monstruosos, fogos de artifício e câmeras de TV.

Parece quase a mesma coisa. Ele não vê muita diferença.

Ele vê aproximadamente a mesma quantidade de nova-iorquinos se movimentando pela cidade. Essas pessoas estão cercadas pela mesma quantidade de edifícios comerciais, que abrigam a mesma quantidade de mesas com a mesma quantidade de computadores, ligados ao mesmo número de conexões à internet.

Nos arredores da cidade, ele vê a mesma quantidade de fábricas e armazéns, interligados pelas mesmas rodovias, com a mesma quantidade de caminhões circulando nelas.

Ele se aproxima um pouco mais do solo e vê as mesmas universidades ensinando os mesmos temas e distribuindo os mesmos diplomas para a mesma quantidade de pessoas.

Ele vê a mesma quantidade de patentes protegendo as mesmas ideias inovadoras.

Ele nota que a tecnologia avançou. Em 2009, todos carregam smartphones que não existiam em 2007. Os computadores são mais rápidos. A medicina é melhor. Carros consomem menos combustível. A tecnologia solar e de fraturamento hidráulico avançaram. As mídias sociais cresceram.

Conforme ele voa pelo país, observa a mesma coisa. Em todo o mundo, mais do mesmo.

A economia está praticamente da mesma forma, talvez até melhor, em 2009 do que estava em 2007, conclui ele.

Então, ele olha para os números.

Fica chocado com o fato de as famílias americanas estarem 16 trilhões de dólares mais pobres em 2009 do que em 2007.

Fica pasmo ao saber que há 10 milhões de desempregados a mais.

Não consegue acreditar quando descobre que o mercado de ações vale metade do que valia dois anos antes.

Não consegue acreditar que a expectativa das pessoas em relação a seu potencial econômico despencou.

"Não entendo", diz ele. "Vi as cidades. Verifiquei as fábricas. Vocês têm o mesmo conhecimento, as mesmas ferramentas, as mesmas ideias. Nada mudou! Por que vocês estão mais pobres? Por que estão mais pessimistas?"

Houve uma mudança entre 2007 e 2009 que o alienígena não foi capaz de ver: as histórias que contamos a nós mesmos sobre a economia.

Em 2007, contávamos uma história sobre a estabilidade dos preços das casas, sobre a prudência dos banqueiros e sobre a capacidade dos mercados financeiros de avaliar os riscos com precisão.

Em 2009, paramos de acreditar nessa história.

Essa foi a única coisa que mudou. Mas fez toda a diferença do mundo.

Assim que a narrativa de que os preços das casas continuariam subindo desmoronou, a inadimplência das hipotecas aumentou, os bancos perderam dinheiro e reduziram os empréstimos para outras empresas, o que levou a demissões, que levaram a uma redução nos gastos, o que levou a mais demissões, e assim por diante.

Com exceção dessa nova narrativa, tínhamos uma capacidade idêntica — talvez até maior — de enriquecer e crescer em 2009 se comparada a 2007. No entanto, a economia sofreu seu pior baque em oitenta anos.

Isso é diferente, digamos, da Alemanha de 1945, cuja base industrial havia sido destruída. Ou do Japão dos anos 2000, cuja população em idade produtiva estava diminuindo. Esses são danos econômicos *tangíveis*. Em 2009, infligimos danos *narrativos* a nós mesmos, e isso foi brutal. Essa é uma das forças econômicas mais potentes que existem.

Quando pensamos sobre o crescimento de economias, negócios, investimentos e carreiras, tendemos a pensar em coisas tangíveis — quantas coisas temos e do que somos capazes?

Mas histórias são, de longe, a força mais poderosa da economia. Elas podem ser o combustível que permite que as partes tangíveis da economia funcionem ou o freio que detém nossas capacidades.

Na hora de administrar o seu dinheiro, há duas coisas que é preciso ter em mente em um mundo guiado por histórias.

---

1. Quanto mais você deseja que uma coisa seja verdade, mais provável que você acredite em uma história que superestima as chances de que ela seja verdade.

Qual foi o dia mais feliz da sua vida?

O documentário *How to Live Forever* [Como viver para sempre, em tradução livre] fez essa inocente pergunta a uma centenária que lhes deu uma resposta incrível.

O "Dia do Armistício", disse ela, referindo-se à conciliação de 1918 que deu fim à Primeira Guerra.

"Por quê?", perguntou o produtor.

"Porque sabíamos que nunca mais haveria guerras", disse ela.

A Segunda Guerra começou 21 anos depois, matando 75 milhões de pessoas.

Há muitas coisas na vida que achamos que são verdadeiras porque queremos desesperadamente que sejam.

Chamo essas coisas de "ficções encantadoras". Elas têm um impacto enorme na forma como pensamos sobre o dinheiro — principalmente sobre os investimentos e a economia.

Uma ficção encantadora acontece quando você é inteligente e deseja encontrar soluções, mas está diante de controle limitado somado a elevados riscos.

É uma combinação bastante poderosa. Ela pode fazer você acreditar em qualquer coisa.

Vejamos esse simples exemplo.

O filho de Ali Hajaji estava doente. Anciãos em sua aldeia iemenita propuseram um remédio popular: enfiar a ponta de uma vara em chamas no peito do filho para drenar a doença de seu corpo.

Após o procedimento, Hajaji disse ao *The New York Times*: "Quando você não tem dinheiro e seu filho está doente, você acredita em qualquer coisa."[64]

Esse tipo de medicina é milhares de anos mais velha do que a medicina que funciona de verdade. Antes do método científico e da descoberta dos micróbios, havia sangrias, de terapias à jejum, abertura de buracos no corpo para liberar os males e outros tratamentos que não faziam nada além de acelerar a morte.

Parece loucura. No entanto, se você precisa de uma solução e ninguém conhece uma ou não há uma boa saída à mão, o caminho de menor esforço leva ao raciocínio de Hajaji: querer acreditar em qualquer coisa. Não apenas tentar qualquer coisa, mas acreditar nela.

Ao narrar a Grande Peste de Londres, Daniel Defoe escreveu em 1722:

> As pessoas estavam mais viciadas em profecias e em conjurações astrológicas, sonhos e superstições do que nunca antes ou depois [...] os almanaques as assustavam terrivelmente [...] as paredes das casas e as esquinas das ruas estavam cobertas de cartazes de médicos e de homens ignorantes, grasnando e convidando o povo a procurá-los em busca de remédios, instigados geralmente por floreios como: "Pílulas preventivas infalíveis contra a peste", "Proteção infalível contra a infecção", e "Licores sensacionais que não falham nunca contra o envenenamento dos ares".

A praga matou um quarto da população de Londres em um ano e meio. Você acaba acreditando em quase tudo quando os riscos são altos assim.

Agora pense em como a mesma combinação de informações limitadas e riscos elevados têm um impacto em nossas decisões financeiras.

Por que as pessoas dão ouvidos a comentários sobre investimentos na TV que apresentam pouco histórico de sucesso? Em parte, porque os riscos são muito altos ao investir. Escolha algumas ações certas e você pode ficar rico sem muito esforço. Se houver 1% de chance de que a previsão de alguém se torne realidade, e, nesse caso, sua vida se transformaria por completo, não é loucura prestar atenção — quem sabe?

E há tantas opiniões financeiras que, quando você escolhe uma estratégia ou um lado, investe neles tanto financeira quanto mentalmente. Se quer que o valor de uma determinada ação aumente em dez vezes, será essa a sua tribo. Se acha que uma determinada política econômica vai provocar hiperinflação, será esse o seu lado.

Estas podem ser apostas com uma baixa probabilidade de sucesso. O problema é que os espectadores ou não conseguem ou não tentam calibrar probabilidades baixas, como uma na casa de 1%. Muitos acreditam que o que desejam ser verdade é inequivocamente verdade. Mas eles só fazem isso porque a possibilidade de um resultado transformador é real.

Investir é um dos únicos campos que oferece oportunidades diárias de recompensas extraordinárias. As pessoas acreditam no charlatanismo financeiro de uma forma que jamais acreditariam, digamos, no charlatanismo meteorológico, porque as recompensas por prever corretamente o que acontecerá no mercado de ações na semana seguinte fazem parte de um universo diferente daquele das recompensas por prever se os dias estarão ensolarados ou chuvosos na semana seguinte.

Considere o fato de que 85% dos fundos mútuos ativos tiveram desempenho inferior ao de seu índice de referência nos dez anos anteriores a 2018.[65] Esse número tem permanecido bastante estável por gerações. Você acharia que um setor com um desempenho tão ruim seria um serviço de nicho e teria dificuldade em continuar em atividade. Mas há quase 5 trilhões de dólares investidos nesses fundos.[66] Dê a alguém a oportunidade de investir juntamente com o "próximo Warren Buffett" que ele vai acreditar piamente que milhões de pessoas depositarão as economias de uma vida toda naquele projeto.

Ou tome Bernie Madoff como exemplo. Olhando em retrospectiva, seu esquema Ponzi parecia óbvio. Ele relatou lucros que não oscilavam nunca, auditados por uma empresa de contabilidade relativamente desconhecida, e se recusou a divulgar muitas informações sobre como os lucros haviam sido obtidos. Mesmo assim, Madoff levantou bilhões de dólares de alguns dos investidores mais renomados do mundo. Ele contou uma boa história, e as pessoas queriam acreditar nela.

É por isso, em grande parte, que a margem para imprevistos, a flexibilidade e a independência financeira — temas importantes discutidos nos capítulos anteriores — são indispensáveis.

Quanto menor a distância entre o que você deseja que seja verdade e o que você precisa que seja verdade para atingir um resultado aceitável, mais você estará se protegendo de ser vítima de uma ficção financeira encantadora.

Ao pensar sobre a margem para imprevistos em uma previsão, é tentador pensar que os resultados possíveis variam entre você estar "certo na medida exata" a "coberto de razão". Mas o maior risco é desejar tanto que algo seja verdade que seu espectro de previsões não chegue nem perto da realidade.

Em sua última reunião de 2007, o Fed previu qual seria o crescimento econômico em 2008 e 2009.[67] Já cansados de uma economia enfraquecida, eles não estavam otimistas. Previram uma faixa de crescimento potencial entre 1,6% e 2,8%. Essa era a margem de segurança deles, um espaço para o erro. Na realidade, a economia retraiu mais de 2%, o que significa que o Fed superestimou em quase três vezes o valor mais baixo.

Para alguém em um cargo público, prever uma recessão total é complicado, porque isso colocaria a própria carreira em risco. Portanto, mesmo as piores projeções quase nunca esperam algo menor do que um mero crescimento "lento". É uma ficção encantadora na qual é fácil de se acreditar, porque esperar uma coisa pior é doloroso demais de se levar em consideração.

Agentes políticos são alvos fáceis de críticas, mas todos nós fazemos isso até certo ponto. E o fazemos de duas maneiras. Se você acha que uma recessão está se aproximando e vende antecipadamente, sua visão da economia será de repente distorcida pelo que você deseja que aconteça. Cada mínima variação, cada pequeno acontecimento parecerá um sinal de que a desgraça chegou — talvez não porque chegou de fato, mas porque você ambiciona que chegue.

Os incentivos são um motivador poderoso, e devemos sempre nos lembrar de como eles influenciam nossos objetivos e nossas perspectivas financeiras. Não pode haver exageros: não há maior força nas finanças do que a margem para imprevistos, e quanto mais alto o risco, maior ela deve ser.

2. Todo mundo tem uma visão incompleta do mundo, mas preenchemos as lacunas para criar uma narrativa completa.

No momento em que escrevo este livro, minha filha está com 1 ano de idade. Ela é curiosa em relação a tudo e aprende muito rápido.

Mas, às vezes, penso em todas as coisas que ela não consegue compreender. Ela não tem ideia de por que o pai dela sai para trabalhar todo dia de manhã.

Os conceitos de contas, de orçamentos, de carreiras, de promoções e de poupança para a aposentadoria são completamente estranhos a ela.

Imagine tentar explicar o Fed, os derivativos de crédito ou o NAFTA. Impossível.

Contudo, o mundo da minha filha não é uma escuridão completa. Ela não anda por aí totalmente confusa.

Mesmo tendo 1 ano de idade, ela já escreveu sua própria narrativa interna sobre como as coisas funcionam. Cobertores servem para mantê-la aquecida, aconchegar-se à mãe faz com que se sinta segura e tâmaras têm um gosto bom.

Tudo com que ela se depara se encaixa em uma das dezenas de modelos mentais que ela aprendeu. Quando vou para o trabalho, ela não fica perdida, tentando adivinhar o que é salário ou o que são contas. Ela tem uma explicação muito clara para a situação: papai não está brincando comigo e eu queria que ele brincasse comigo, por isso fico triste.

Mesmo sabendo muito pouco, ela não se dá conta disso, porque narra a si mesma uma história coerente sobre o que está acontecendo com base no pouco que sabe.

Todos nós, não importa a idade, fazemos isso.

Da mesma forma que a minha filha, não estou ciente do que não sei. Portanto, sou igualmente suscetível a explicar o mundo por meio do conjunto limitado de modelos mentais que tenho à disposição.

Da mesma maneira que ela, vou em busca das causas mais plausíveis em todas as situações com as quais me deparo. E, da mesma forma, estou errado a respeito de muitas delas, porque sei muito menos sobre como o mundo funciona do que suponho.

Isso é verdade para a maioria dos assuntos baseados em fatos.

Observemos a história. É simplesmente o relato de coisas que já aconteceram. Tem tudo para ser nítida e objetiva. Mas, como B.H. Liddell Hart escreveu no livro *Why Don't We Learn From History?* [Por que não aprendemos com a história?, em tradução livre]:

> [A história] não pode ser interpretada sem a ajuda da imaginação e da intuição. A quantidade de evidências é tão impressionante que é inevitável fazer uma seleção. Se há seleção, há arte. Aqueles que leem história tendem a sair em busca daquilo que a comprova e que confirma suas próprias opiniões. Eles defendem quem é leal. Leem preparados para concordar ou para atacar. Resistem às verdades inconvenientes, pois todo mundo quer estar do lado certo. Exatamente da mesma forma que começamos guerras para dar fim a todas as guerras.

Daniel Kahneman uma vez me contou sobre as histórias que as pessoas contam a si mesmas para dar sentido ao passado. Ele disse:

> A retrospectiva — a capacidade de explicar o passado — nos dá a ilusão de que o mundo é compreensível. Isso, por sua vez, nos dá

a ilusão de que o mundo faz sentido, mesmo quando não faz. Este é um problema grave, que dá origem a erros em muitos setores.

A maioria das pessoas, quando confrontadas com algo que não entendem, não percebem que não o entendem, porque são capazes de propor uma explicação que faça sentido com base em suas próprias perspectivas e experiências únicas no mundo, por mais limitadas que sejam essas experiências. Todos nós queremos que o mundo complicado em que vivemos faça sentido. Portanto, contamos histórias a nós mesmos para preencher lacunas que são, na verdade, pontos inacessíveis.

O que essas histórias nos provocam em termos financeiros pode ser fascinante e assustador.

Quando ignoro diferentes maneiras de como o mundo funciona, talvez eu acabe entendendo errado o motivo pelo qual o mercado de ações está se comportando de determinada forma, uma forma que me deixa muito confiante quanto à minha capacidade de saber o que pode acontecer a seguir. Parte do motivo pelo qual prever o mercado de ações e a economia é tão difícil ocorre porque você é a única pessoa no mundo que pensa que o mundo funciona da maneira como imagina. Quando você toma decisões por motivos que sequer sou capaz de compreender, pode ser que eu o siga impensadamente em uma decisão correta para você e desastrosa para mim. Como vimos no Capítulo 16, é assim que as bolhas se formam.

Conformar-se com o quanto você não sabe significa aceitar que boa parte do que acontece não está sob o seu controle. E pode ser difícil fazer isso.

Pense nas previsões de mercado. Nossa capacidade de fazê-las é muito, muito limitada. Certa vez, calculei que, se você simplesmente presumir que o mercado cresce todo ano com base na média histórica, a precisão é maior do que se você seguir a média das previsões anuais dos vinte principais estrategistas de Wall Street. Nossa capacidade de prever recessões não é muito melhor. E, uma vez que os grandes acontecimentos surgem do nada, as previsões podem fazer mais mal do que bem, dando a ilusão de estabilidade em um mundo onde os imprevistos controlam a maioria dos resultados. Carl Richards disse que: "Risco é aquilo que sobra quando você acha que já pensou em tudo."

As pessoas sabem disso. Nunca conheci um investidor que realmente acreditasse que as previsões de mercado como um todo fossem precisas ou úteis. Porém, ainda há uma enorme demanda por previsões, tanto na mídia quanto por parte dos consultores financeiros.

Por quê?

O psicólogo Philip Tetlock escreveu certa vez: "Precisamos acreditar que vivemos em um mundo previsível e controlável, por isso recorremos a pessoas com ar de autoridade que prometem satisfazer essa necessidade." *Satisfazer essa necessidade* é uma ótima maneira de explicar isso. Querer acreditar que estamos no controle é uma coceira emocional que precisa ser coçada, não um problema analítico a ser calculado e resolvido.

A ilusão do controle é mais convincente do que a realidade da incerteza. Portanto, nos apegamos a histórias que dizem que os resultados estão sob nosso controle.

Parte disso depende de misturar campos de precisão com campos de incerteza.

A sonda da missão New Horizons da NASA passou por Plutão há dois anos. Foi uma viagem de quase 5 bilhões de quilômetros, que durou nove anos e meio. De acordo com a agência espacial, a viagem "levou cerca de um minuto a menos do que o previsto quando a nave foi lançada em janeiro de 2006".[68]

Pense nisso. Em uma jornada inédita de uma década de duração, a previsão da NASA foi 99,99998% precisa. Isso é como prever uma viagem de Nova York para Boston e ter uma precisão de quatro milionésimos de segundo.

Mas a astrofísica é um campo de antecipações. Ele não é afetado pelos caprichos do comportamento e das emoções humanas, como as finanças. Negócios, economia e investimentos são campos de incerteza, esmagadoramente impulsionados por decisões que não podem ser facilmente explicadas com fórmulas precisas, como acontece com uma viagem a Plutão. Mas queremos desesperadamente que seja como uma viagem a Plutão, porque a ideia de um engenheiro da NASA estar 99,99998% no controle de um resultado é bela e reconfortante. É tão reconfortante que nos sentimos tentados a contar histórias sobre quanto controle temos em outras partes da nossa vida, como o dinheiro.

Kahneman certa vez traçou o caminho que essas histórias tomam:

- Ao planejar, nos concentramos no que queremos e que podemos fazer, negligenciando os planos e as habilidades de outras pessoas cujas decisões podem afetar nossos resultados.
- Tanto para explicar o passado quanto para prever o futuro, nos concentramos no papel causal da habilidade e negligenciamos o papel da sorte.
- Nós nos concentramos no que sabemos e negligenciamos o que não sabemos, o que nos torna excessivamente confiantes em nossas crenças.

Ele descreveu como isso afeta os negócios:

Tive várias oportunidades de fazer uma pergunta a fundadores e funcionários de startups inovadoras: quanto do destino da sua empresa depende do que você faz nela? Essa é evidentemente uma pergunta fácil; a resposta vem rápido e nunca foi inferior a 80%. Mesmo quando não sabem ao certo se terão sucesso, essas pessoas ousadas acreditam que seus destinos estão quase que inteiramente nas próprias mãos. Elas sem dúvida estão erradas: o destino de uma startup depende em igual medida das realizações de seus concorrentes e das mudanças no mercado. No entanto, os empreendedores se concentram no que conhecem melhor — em seus planos e suas ações, e nas ameaças e oportunidades mais imediatas, como a disponibilidade de financiamento. Eles sabem menos sobre seus concorrentes, e, portanto, acham natural imaginar um futuro no qual a concorrência desempenhe um papel menor.

Todos nós fazemos isso até certo ponto.
E não ficamos nem um pouco incomodados.
Não vagamos por aí desorientados e confusos. Precisamos acreditar que o mundo em que vivemos faz sentido com base no que conhecemos. Seria difícil demais levantar da cama pela manhã se você se sentisse de outra forma.
Mas e o alienígena sobrevoando a Terra?
Aquele que está confiante de que sabe o que está acontecendo com base no que vê, mas acaba descobrindo que está completamente errado porque não tem como saber as histórias que se passam na cabeça dos demais?
Ele é igual a todos nós.

19.
Recapitulando

O que aprendemos sobre a psicologia
das suas finanças pessoais.

Você chegou até aqui. Parabéns!

É hora de amarrar algumas coisas que aprendemos.

Este capítulo é como um pequeno resumo; contém algumas lições curtas e práticas que podem ajudar você a tomar decisões financeiras melhores.

Mas antes de mais nada, vou contar uma história sobre uma consulta ao dentista que deu errado. Ela nos ensina algo vital sobre os perigos de dar conselhos em relação ao que fazer com dinheiro.

No ano de 1931, Clarence Hughes foi ao dentista. Sua boca irradiava dor. O dentista o colocou sob forte anestesia para aliviá-la. Quando Clarence acordou, horas depois, estava com 16 dentes a menos e sem as amígdalas.

E então tudo deu errado. Clarence morreu uma semana depois, devido a complicações da cirurgia.

A esposa dele processou o dentista, mas não porque a cirurgia tinha dado errado. Em 1931, toda cirurgia representava um risco de morte.

Segundo ela, Clarence jamais autorizou os procedimentos, e não consentiria se tivesse sido consultado.

O caso chegou aos tribunais, mas não foi a lugar algum. O consentimento entre médico e paciente não era consagrado naquela época. Uma decisão judicial invocou a ideia de que médicos precisam de liberdade para tomar as melhores decisões: "Sem isso, não poderíamos desfrutar dos avanços científicos."

Durante a maior parte da história, o *ethos* da medicina era o de que o papel do médico era consertar o paciente, e que a opinião do paciente em relação aos planos de tratamento médico não era relevante. O dr. Jay Katz escreveu sobre essa filosofia em seu livro *The Silent World Between Doctor and Patient* [O universo silencioso entre médico e paciente, em tradução livre]:

> Os médicos sentiam que, a fim de atingir esse objetivo, eles eram obrigados a cuidar das necessidades físicas e emocionais de seus pacientes, e a fazê-lo por conta própria, sem consultá-los em relação às decisões que precisavam ser tomadas. A ideia de que os pacientes também podem ter o direito de compartilhar o fardo das decisões com seus médicos nunca tinha feito parte do *ethos* da medicina.

Não era por maldade nem por uma questão de ego. Era por causa da crença em dois pontos:
1. Todo paciente deseja ser curado.
2. Existe uma maneira universal e correta de curá-los.

Não pedir o consentimento do paciente diante dos planos de tratamento faz sentido se você acredita nesses dois pontos.

Mas não é assim que a medicina funciona.

Nos últimos cinquenta anos, as faculdades de medicina mudaram sutilmente o foco do tratamento das doenças para o do tratamento dos pacientes. Isso significa definir as opções de planos de tratamento para, então, deixar o paciente decidir o melhor caminho a ser seguido.

Essa tendência foi impulsionada em parte pelas leis de proteção ao paciente e em parte pela influência do livro de Katz, que defendia que os pacientes têm visões totalmente diferentes sobre o que vale a pena na medicina, e, assim, suas crenças precisam ser levadas em consideração. Katz escreveu:

> É um absurdo perigoso afirmar que, na prática de sua arte e ciência, os médicos podem confiar na benevolência de suas intenções, em sua capacidade de julgar o que é a coisa certa a ser feita. [...] Não é tão simples. A medicina é uma profissão complexa, portanto a interação entre médico e paciente também é complexa.

Essa última frase é importante. "A medicina é uma profissão complexa, portanto a interação entre médico e paciente também é complexa."

Você sabe que outra profissão é assim? A de consultor financeiro.

Não posso dizer o que fazer com seu dinheiro, porque não conheço você.

Não sei o que você quer. Não sei quando você quer. Não sei por que você quer.

Portanto, não vou lhe dizer o que fazer com o seu dinheiro. Não quero tratá-lo da mesma forma que o dentista que tratou Clarence Hughes.

Mas médicos e dentistas não são inúteis, obviamente. Eles têm conhecimento. Sabem das probabilidades. Sabem o que costuma dar certo, por mais que os pacientes cheguem a conclusões diferentes em relação ao tipo de tratamento certo para si mesmos.

O mesmo é válido para os consultores financeiros. Existem verdades universais relacionadas ao dinheiro, por mais que as pessoas cheguem a conclusões diferentes em relação a como desejam aplicar essas verdades às próprias finanças.

Com essa ressalva em vista, vamos dar uma olhada em algumas rápidas recomendações que podem ajudá-lo a tomar melhores decisões com seu dinheiro.

Faça um esforço para ser humilde quando as coisas estiverem indo bem e para se perdoar quando estiverem indo mal. Porque nada nunca é tão bom nem tão ruim quanto parece. O mundo é grande e complexo. Sorte e risco são coisas reais e difíceis de identificar. Lembre-se disso ao julgar a si mesmo e aos outros. Respeite o poder da sorte e do risco e você terá maiores chances de se concentrar em coisas que realmente estão sob o seu controle. Você também terá maiores chances de encontrar os exemplos certos a seguir.

Menos ego, mais fortuna. Guardar dinheiro tem a ver com a lacuna entre o seu ego e a sua renda, e fortuna é aquilo que você não vê. Portanto, uma fortuna se cria suprimindo o que você poderia comprar hoje para ter mais coisas ou mais opções no futuro. Não importa o quanto você ganha, jamais conseguirá construir uma fortuna se não for capaz de limitar os seus gastos hoje, agora.

Administre o seu dinheiro de uma forma que faça você dormir em paz. Isso é diferente de dizer que você deve ter como objetivo receber os maiores retornos possíveis ou economizar um percentual específico da sua renda. Algumas pessoas não dormem em paz a menos que estejam obtendo os maiores retornos possíveis; outras só descansam se o dinheiro estiver investido de forma conservadora. Cada um do seu jeito. Mas tomar como base a pergunta "Isso me ajuda a dormir em paz?" é a melhor orientação universal para qualquer tipo de decisão financeira.

Se você deseja se tornar um investidor melhor, a coisa mais poderosa que pode fazer é aumentar seu horizonte de tempo. O tempo é a força mais poderosa nos investimentos. Faz os capitais pequenos crescerem e os erros maiores desaparecerem. Ele não tem como neutralizar a sorte e o risco, mas encaminha os resultados para mais próximo do que aquilo que as pessoas merecem.

Não se abale com muitas das coisas que dão errado. Você pode estar errado em metade das vezes, e ainda assim fazer fortuna, porque a minoria dos fatores é responsável pela maioria dos resultados. Não importa o que você esteja fazendo com o seu dinheiro, você deveria ficar em paz mesmo quando muitas coisas dão errado. É assim que o mundo funciona. Portanto, meça sempre o seu desempenho olhando para o seu portfólio como um todo, não para investimentos específicos. Não há problema em ter uma grande quantidade de investimentos ruins e alguns que se destacam. Esta costuma ser a melhor das hipóteses. Julgar o seu desempenho com foco nos investimentos individualmente faz com que os vencedores pareçam mais brilhantes do que são e com que os perdedores pareçam mais lamentáveis do que deveriam.

Use o dinheiro para ter controle sobre o seu tempo, porque não ter controle sobre seu tempo é um empecilho universal, e muito forte, para a felicidade. A capacidade de fazer o que quiser, quando quiser, com quem quiser, por quanto tempo quiser, paga o maior dividendo que existe em finanças.

Seja mais legal e ostente menos. Ninguém fica tão impressionado com as suas posses quanto você. Você pode achar que quer um carro de luxo ou um relógio caro. Mas o que você provavelmente deseja é respeito e admiração. E é mais provável que conquiste essas coisas por meio da bondade e da humildade do que com motores potentes e metais preciosos.

Guarde dinheiro. Só guarde. Você não precisa de um motivo específico para guardar. É ótimo juntar dinheiro para comprar um carro, adquirir uma casa ou para uma eventual emergência médica. Mas economizar para coisas impossíveis de prever ou definir é uma das melhores razões para se guardar dinheiro. A vida de todo mundo é uma sequência ininterrupta de surpresas. Ter dinheiro guardado sem um destino específico é uma proteção contra a capacidade insuperável que a vida tem de nos surpreender nos piores momentos possíveis.

Defina o preço do sucesso e esteja disposto a pagá-lo. Porque nada que vale a pena é de graça. E lembre-se de que a maioria dos custos financeiros não tem uma etiqueta de preço visível. Incerteza, dúvida e arrependimento são preços comuns no mundo financeiro. Muitas vezes vale a pena pagá-los. Mas você deve encará-los como taxas (um valor que vale a pena ser pago em troca de uma coisa boa), não como multas (uma punição que você quer evitar).

Faça da margem para imprevistos algo sagrado. A distância entre o que pode ser que aconteça no futuro e o que você precisa que aconteça no futuro para tudo dar certo é o que lhe dá perseverança, e a perseverança é o que faz com que a mágica da composição opere ao longo do tempo. Muitas vezes a margem para imprevistos parece uma atitude conservadora, porém, se ela mantém você no jogo, ela pode se pagar repetidas vezes.

Evite os extremos das decisões financeiras. Os objetivos e os desejos de todo mundo mudam ao longo do tempo, e quanto mais extremas foram suas decisões, mais você pode se arrepender à medida que eles mudam.

Abrace o risco, porque o tempo o recompensa. Mas seja paranoico com o risco de falência completa, porque isso o impede de assumir riscos futuros que serão recompensados com o tempo.

Defina qual jogo você está jogando, e certifique-se de que as suas atitudes não sejam influenciadas por pessoas que jogam um jogo diferente.

Respeite o caos. Pessoas inteligentes, informadas e razoáveis podem discordar entre si quando o assunto é finanças, porque possuem objetivos e desejos muito diferentes. Não existe uma única resposta certa; existe apenas a resposta que funciona para você.

Agora chegou a hora de dizer o que funciona para mim.

20.
Confissões

A psicologia das minhas
finanças pessoais.

A: NDY GOTTESMAN, UM investidor bilionário que fundou a consultoria First Manhattan, costuma fazer uma pergunta ao entrevistar candidatos para sua equipe: "Quais ações você possui, e por quê?"

Ele não pergunta "Quais ações você acha que estão baratas?", nem "Que país está prestes a entrar em recessão?".

Apenas me mostre o que você faz com o seu dinheiro.

Adoro essa pergunta porque ela chama a atenção para a enorme lacuna que às vezes existe entre o que faz sentido — que é o que as pessoas sugerem que você faça — e o que parece certo para as pessoas — que é o que elas realmente fazem.

Metade de todos os administradores de carteiras de fundos mútuos dos Estados Unidos não investe um centavo do próprio dinheiro nos fundos que administram, de acordo com a Morningstar.[69] Isso parece contraditório, e sem dúvida essa estatística revela algum grau de hipocrisia.

Mas esse tipo de coisa é mais comum do que você imagina. Ken Murray, professor de medicina da Universidade do Sul da Califórnia, publicou em 2011 um ensaio intitulado "*How Doctors Die*" [Como os médicos morrem, em tradução livre] que mostrava até que ponto os médicos escolhiam para si tratamentos diferentes do que recomendam para seus pacientes no estágio final da vida.[70]

"[Os médicos] não morrem como o restante de nós", escreveu ele. "O que os diferencia não é o volume maior de tratamento que recebem em comparação com a maioria dos americanos, mas o volume menor. Comparado ao tempo que passam defendendo outras pessoas da morte, eles tendem a ser bastante serenos quando se veem diante dela. Eles sabem o que vai acontecer, conhecem as alternativas, e em geral têm acesso a qualquer tipo de tratamento. Mas escolhem um caminho simples." Um médico é capaz de ir até as últimas consequências para tratar um paciente com câncer, mas escolhe cuidados paliativos para si mesmo.

A diferença entre o que uma pessoa sugere que você faça e o que essa pessoa faz por si mesma nem sempre é uma coisa ruim. Ela apenas ressalta que, ao lidar com questões complexas e emotivas que afetam você e sua família, não existe uma única resposta certa. Não existe verdade universal. Existe apenas o que funciona para você e para a sua família, aplicando as alternativas de que dispõe de uma forma que o faça se sentir confortável, sem remorsos.

Existem princípios básicos que devem ser respeitados — isso vale para as finanças e para a medicina —, mas decisões financeiras importantes não são tomadas com planilhas nem com livros. São tomadas na mesa de jantar. E, normalmente, não são feitas com a intenção de maximizar os retornos, mas de minimizar a chance de decepcionar um cônjuge ou um filho. Algo que é difícil de sintetizar em gráficos ou fórmulas e que varia muito de pessoa para pessoa. O que funciona para uma pode não funcionar para outra.

Você precisa descobrir o que funciona para você. Eis aqui o que funciona para mim.

O que a minha família acha dos meus investimentos

Charlie Munger disse uma vez: "Não queria ficar rico. Queria apenas ser independente."

Podemos deixar a riqueza de lado, mas a independência sempre foi o meu objetivo financeiro pessoal. Correr atrás dos maiores retornos ou alavancar meus ativos para viver uma vida mais luxuosa não me desperta interesse. As duas coisas parecem jogos que as pessoas fazem para impressionar seus amigos, e ambas têm riscos ocultos. Na maioria das vezes, só quero acordar todos os dias sabendo que eu e a minha família podemos fazer o que quisermos em nossos próprios termos. Cada decisão financeira que tomamos gira em torno desse objetivo.

Meus pais viveram a vida adulta em dois estágios: pobreza absurda e riqueza moderada. Meu pai se tornou médico aos 40 anos e já tinha três filhos. O salário de médico não afetou a mentalidade frugal que ele foi obrigado a manter para sustentar três crianças famintas enquanto estudava medicina, de modo que meus pais passaram os anos bons vivendo um padrão de vida abaixo dos rendimentos deles e com uma alta taxa de poupança. Isso lhes deu um certo grau de independência. Meu pai era médico de emergência, uma das profissões de maior grau de estresse que posso imaginar e que exige uma dolorosa alternância dos ciclos circadianos em meio a turnos noturnos e diurnos. Depois de duas décadas, ele decidiu que bastava, então parou. Simplesmente pediu demissão. Passou para a fase seguinte de sua vida.

Aquilo me impressionou. Ser capaz de acordar uma bela manhã e mudar o que você está fazendo, em seus próprios termos, quando achar que deve, parece ser a mãe de todos os objetivos financeiros. Independência, para mim, não significa parar de trabalhar. Significa fazer apenas o trabalho de que se gosta, com pessoas de que se gosta, nas horas que se quer, pelo tempo que se quer.

E alcançar algum nível de independência não requer um salário de médico. É sobretudo uma questão de manter suas expectativas sob controle e viver abaixo de seus rendimentos. A independência, em qualquer nível de renda, é impulsionada pela taxa de poupança. E, a partir de um determinado nível de renda, sua taxa de poupança é impulsionada pela capacidade de evitar que o seu estilo de vida saia de controle.

Minha esposa e eu nos conhecemos na faculdade e fomos morar juntos anos antes de nos casarmos. Depois da faculdade, nós dois tínhamos empregos básicos com salários básicos e adotamos um estilo de vida moderado. Todos os estilos de vida existem em perspectiva, e o que é decente para uns pode parecer nobreza ou pobreza para outros. Mas, com a renda que tínhamos, conseguimos o que considerávamos um apartamento decente, um carro decente, roupas decentes, comida decente. Conforto, porém, bem distante do luxo.

Apesar de mais de uma década de aumento nos rendimentos — eu nas finanças, minha esposa na área de saúde —, mantivemos mais ou menos esse estilo de vida desde então. Isso aumentou continuamente a nossa taxa de poupança. Praticamente todos os dólares de aumento foram transformados em poupança — nosso "fundo de independência". Hoje vivemos muito abaixo de nossos rendimentos, o que pouco diz sobre a nossa renda e muito mais sobre a nossa decisão de manter um estilo de vida que estabelecemos aos 20 anos. Se existe uma parte do nosso plano financeiro doméstico de que tenho orgulho é o fato de termos conseguido parar de aumentar nossas expectativas em relação ao padrão de vida bem cedo. Nossa taxa de poupança é bastante alta, mas quase nunca achamos que somos excessivamente frugais só porque nossa ambição por mais não se alterou muito. Não é que não tenhamos desejos — gostamos de coisas boas e vivemos com conforto. Simplesmente paramos de aumentar esse padrão o tempo todo.

Isso não funcionaria para todo mundo, e só funciona para a gente porque ambos concordamos com isso na mesma medida — nenhum de nós está fazendo uma concessão pelo outro. A maioria das coisas que nos dá prazer — caminhadas, livros, podcasts — custa pouco, então raramente nos sentimos abrindo mão de alguma coisa. Nas poucas ocasiões em que questiono a nossa taxa de poupança, penso na independência que meus pais conquistaram graças a anos de grandes economias, e a dúvida logo se desfaz. Nosso principal objetivo é a independência. Um benefício secundário de manter um padrão de vida abaixo do que você pode pagar é evitar a rotina psicológica de competir com o vizinho. Viver confortavelmente abaixo dos seus rendimentos, sem muito desejo por mais, remove uma enorme quantidade de pressão social a que muitas pessoas no primeiro mundo de hoje se sujeitam. Nassim Nicholas Taleb explicou: "O verdadeiro sucesso é abandonar a disputa desenfreada, e passar a modular nossas atividades visando obter paz de espírito." Gosto dessa definição.

Estamos tão comprometidos com o plano da independência que fizemos coisas que fazem pouco sentido na teoria. Somos proprietários de uma casa que não está hipotecada, o que é a pior decisão financeira que já tomamos, mas a melhor decisão relacionada a dinheiro que já tomamos. As taxas de juros das hipotecas eram absurdamente baixas quando compramos a nossa casa. Qualquer consultor racional recomendaria aproveitar o dinheiro barato e investir a economia extra em ativos de maior retorno, como ações. Mas nosso objetivo não é ser friamente racionais; apenas psicologicamente razoáveis.

O sentimento de independência que tenho por ser dono da minha própria casa excede em muito o ganho financeiro que eu teria ao alavancar nossos ativos com uma hipoteca barata. Parar de pagar prestações todo mês é melhor do que maximizar o valor de longo prazo dos nossos ativos. Isso faz com que eu me sinta independente.

Não tento defender esta alternativa diante de quem aponta as falhas que ela tem, nem diante daqueles que jamais fariam o mesmo. Na teoria, é indefensável. Mas funciona para a gente. Nós gostamos. É isso que importa. Boas decisões nem sempre são racionais. Em algum momento, você precisa escolher entre ser feliz ou "ter razão".

Também mantemos uma porcentagem maior de nossos ativos em dinheiro do que a maioria dos consultores financeiros recomendaria — algo em torno de 20% de nossos ativos além do valor de nossa casa. Isso também é quase indefensável na teoria, e não recomendo a ninguém. É só o que funciona para nós.

Fazemos isso porque dinheiro é o oxigênio da independência, e — o mais importante — porque não queremos ser forçados nunca a vender as ações que temos. Queremos que a probabilidade de nos depararmos com uma despesa enorme e precisar liquidar ações para cobri-la seja o mais próximo possível de zero. Talvez nossa tolerância ao risco seja simplesmente menor do que a da maioria das pessoas.

Mas tudo que aprendi sobre finanças pessoais me diz que todo mundo — sem exceção — vai acabar encarando uma despesa inesperada enorme, e não vai ter se planejado para ela especificamente porque não era previsível. As poucas pessoas que sabem dos detalhes de nossa vida financeira perguntam: "Para que vocês estão economizando? Para comprar uma casa? Um barco? Um carro novo?" Não, nada disso. Estou economizando para um mundo onde os imprevistos são mais comuns do que imaginamos. Não ser forçado a me desfazer das minhas ações para cobrir uma despesa também significa que estamos aumentando as chances de permitir que essas ações sejam afetadas pela composição por um período mais longo. Charlie Munger resumiu isso bem: "A primeira regra da composição é jamais interrompê-la desnecessariamente."

Como a minha família pensa sobre investimentos

Comecei minha carreira como *stock piker*. Na época, tínhamos apenas ações individuais, principalmente de grandes empresas como Berkshire Hathaway e Procter & Gamble, misturadas a ações menores que eu considerava investimentos valiosos. Ao longo de toda a casa dos 20 anos, tive algo em torno de 25 ações individuais.

Não sei como me saí na primeira fase de minha carreira. Superei o mercado? Não sei. A exemplo da maioria dos que tentam, não mantive um bom registro. De qualquer forma, mudei minha visão, e agora todas as ações que possuímos são de fundos de índice de baixo custo.

Não tenho nada contra escolher ações ativamente, seja por conta própria ou dando seu dinheiro a um gestor de fundos ativos. Acho que algumas pessoas são capazes de superar as médias do mercado — mas é muito difícil, mais difícil do que a maioria imagina.

Se eu tivesse que resumir minhas visões sobre investimentos, seria o seguinte: todo investidor deve escolher uma estratégia que ofereça as maiores chances de atingir seus objetivos com sucesso. Acredito que, para a maioria dos investidores, a média de dispêndio em dólar de um fundo de índice de baixo custo oferece as maiores chances de sucesso no longo prazo.

Isso não significa que o investimento em índice sempre funcione. Não significa que seja o ideal para todo mundo. E não significa que a seleção de ações ativa está fadada ao fracasso. Em geral, esse setor se tornou muito aferrado a um ponto de vista ou a outro — sobretudo entre aqueles veementemente contra o investimento ativo.

Superar a média do mercado *é para ser difícil*; as chances de sucesso *têm que ser baixas*. Se não, todos fariam isso, e, se todos fizessem, não haveria nada fora da curva. Portanto, ninguém deve se surpreender com o fato de que a maioria dos que tentam superar o mercado não conseguem. (As estatísticas mostram que 85% dos gerentes ativos de grande capitalização não superaram o S&P 500 no decênio 2010-2019.)[71]

Conheço pessoas que acham que é loucura tentar superar o mercado, mas que encorajam seus filhos a sonharem grande e tentarem se tornar atletas profissionais. Cada um do seu jeito. Viver é jogar com as probabilidades, e cada um tem uma visão diferente sobre probabilidades.

Ao longo dos anos, cheguei à conclusão de que teríamos grandes chances de atingir todas as metas financeiras de nossa família se investíssemos de forma consistente em um fundo de índice de baixo custo por décadas a fio, deixando o dinheiro em paz para que a composição atuasse. Muito dessa visão vem do nosso estilo de vida frugal. Se você tem como atingir todas as suas metas sem precisar correr o risco extra de tentar superar o mercado, então por que tentar superá-lo? Posso me dar ao luxo de não ser o maior investidor do mundo, mas não posso me dar ao luxo de ser o pior. Quando vejo as coisas dessa forma, a opção por comprar o índice e mantê-lo se torna óbvia para nós. Sei que nem todos vão concordar com essa lógica, principalmente meus amigos cujo trabalho é tentar superar o mercado. Respeito o que eles fazem, mas o que funciona para a gente é isso.

Investimos dinheiro de cada contracheque nesses fundos de índice — uma combinação de ações americanas e estrangeiras. Não existe uma meta definida — é simplesmente o que sobra depois de pagarmos as despesas. Ampliamos ao máximo nosso investimento nesse fundo visando a nossa aposentadoria, e contribuímos para os planos de poupança para faculdade dos nossos filhos.

E é isso. Na prática, todo o nosso patrimônio líquido se resume a uma casa, uma conta corrente e alguns investimentos no fundo de índices Vanguard.

Para nós, não precisa ser mais complexo do que isso. Gosto de manter a simplicidade. Uma das minhas crenças mais fortes sobre investimentos é de que existe pouca correlação entre esforço e resultado. Isso se dá porque o mundo é movido por caudas — algumas poucas variáveis respondem pela maior parte dos retornos. Não importa o quanto você se esforce, seu desempenho não será bom se você deixar passar as duas ou três oportunidades que fazem a balança pender a seu favor. O oposto disso também é válido. Estratégias de investimento simples podem funcionar muito bem, desde que captem as poucas coisas que são importantes para o sucesso dela. Minha estratégia de investimento não depende de escolher o setor certo, nem de acertar quando será a próxima recessão. Depende de alta taxa de poupança, paciência e otimismo de que a economia global vai se expandir nas próximas décadas. Dedico praticamente todo o meu esforço de investimento refletindo sobre esses três fatores — principalmente sobre os dois primeiros, que estão sob o meu controle.

Já mudei a minha estratégia de investimento uma vez. Portanto, é claro que existe a probabilidade de mudá-la de novo no futuro.

Não importa o quanto economizemos ou invistamos, tenho certeza de que a independência será sempre um objetivo e de que vamos fazer sempre o que nos ajuda a dormir em paz à noite.

Talvez seja este o objetivo final: dominar a psicologia financeira.

Mas cada um do seu jeito. Ninguém é maluco.

PÓS-ESCRITO:
Uma breve história sobre por que o consumidor americano pensa da forma que pensa

Para entender a psicologia dos consumidores americanos modernos e imaginar para onde eles podem estar se encaminhando, é preciso saber como eles chegaram até aqui. Como *todos nós* chegamos até aqui.

Se você pegasse no sono em 1945 e acordasse em 2020, não reconheceria o mundo ao seu redor.

O volume de crescimento econômico que ocorreu durante esse período praticamente não teve precedentes. Se você observasse o nível de riqueza em Nova York e em São Francisco, ficaria chocado. Se o comparasse com a pobreza de Detroit, ficaria chocado. Se visse o preço das casas, as mensalidades da faculdade e dos planos de saúde, ficaria chocado. Se visse o que o americano médio pensa sobre poupança e gastos em geral, ficaria chocado. E se tentasse pensar em uma narrativa razoável para explicar como tudo isso aconteceu, o meu palpite é de que ela estaria completamente errada. Porque isso não é intuitivo e não era previsível.

O que aconteceu nos Estados Unidos desde o fim da Segunda Guerra Mundial é a história do consumidor americano. É uma história que ajuda a explicar por que as pessoas pensam sobre dinheiro da forma como pensam hoje.

A história é a seguinte: as coisas estavam bastante incertas, depois muito boas, depois muito ruins, depois muito boas, depois muito ruins, e cá estamos. E existe, creio eu, uma narrativa que conecta todos esses eventos. Não um relato detalhado. Mas uma história de como as coisas se encaixam.

Por se tratar de uma tentativa de concatenar os principais eventos, ela deixa de fora muitos detalhes do que aconteceu durante esse período. Provavelmente, vou concordar com qualquer pessoa que aponte as coisas que deixei passar. O objetivo aqui não é descrever todas as jogadas, mas olhar como cada partida influenciou a seguinte.

Foi assim que o consumidor moderno chegou até aqui.

---

1. Agosto de 1945. Fim da Segunda Guerra Mundial.

A rendição do Japão foi "o dia mais feliz da história americana", escreveu o *The New York Times*.

A história é uma sucessão de fatos.

A alegria do fim da guerra foi rapidamente seguida pela pergunta: "E agora, o que fazer?"

Dezesseis milhões de americanos — 11% da população — haviam servido na guerra. Cerca de oito milhões estavam fora do país ao final dela. A média de idade desse grupo era de 23 anos. Dali a um ano e meio, todos, exceto 1,5 milhão deles, estariam de volta ao país, e sem farda.

E então?

O que eles iam fazer? Onde iam trabalhar? Onde iam morar?

Essas perguntas eram a ordem do dia, por dois motivos. Primeiro, porque ninguém sabia a resposta. Segundo, porque se elas não fossem respondidas logo, o cenário mais provável — aos olhos de muitos economistas — era o de que a economia voltaria às profundezas da Grande Depressão.

Três fatores se consolidaram durante a guerra:

1. A construção de casas havia estagnado, pois praticamente toda a mão de obra fora transferida para a produção de suprimentos de guerra. Foram construídas menos de 12 mil casas por mês em 1943, o equivalente a menos de uma nova casa por americano. Os soldados que voltaram se depararam com um grave déficit habitacional.
2. Os empregos criados especificamente durante a guerra — construção de navios, de tanques e de aviões — tornaram-se desnecessários, sendo suspensos com uma velocidade e uma magnitude raramente vistas. Não estava claro onde os soldados encontrariam emprego.
3. A taxa de casamento disparou durante e imediatamente após a guerra. Os soldados não queriam voltar a morar no porão da casa da mãe. Eles queriam começar uma família, em uma casa própria, com um bom emprego, assim que voltassem.

Isso preocupava a classe política, sobretudo porque a Grande Depressão ainda era uma lembrança recente, tendo chegado ao fim apenas cinco anos antes.

Em 1946, o Council of Economic Advisors entregou um relatório ao presidente Harry Truman alertando sobre o risco de "uma depressão em grande escala em algum momento nos próximos quatro anos".

Em um outro memorando, de 1947, eles resumiram um encontro com Truman:

> Podemos entrar em algum tipo de período de recessão em que devemos estar muito seguros do terreno onde pisamos para saber se as forças recessivas correm risco de sair de controle. [...] Existe a perspectiva substancial, que não deve ser desprezada, de que a mais ligeira queda nos lance em uma espiral rumo à depressão.

Esse medo era exacerbado pelo fato de que as exportações não eram um caminho confiável de imediato para o crescimento, visto que duas das maiores economias — a Europa e o Japão — estavam em ruínas e lidando com crises humanitárias. E mesmo os Estados Unidos estavam enterrados em mais dívidas do que nunca, o que limitava o incentivo direto por parte do governo.

Portanto, tomamos providências.

2. As baixas taxas de juros e o nascimento proposital do consumidor americano.

A primeira coisa que fizemos para manter a economia em funcionamento no Pós-Guerra foi preservar as taxas de juros baixas. Esta não foi uma decisão fácil, porque, quando os soldados voltaram para casa e se depararam com uma escassez de tudo, de roupas a carros, a inflação temporariamente saltou para dois dígitos.

O Fed só se tornou politicamente independente em 1951.[72] O presidente e o Fed podiam coordenar políticas. Em 1942, o Fed anunciou que manteria as taxas de curto prazo em 0,38% para ajudar a financiar a guerra. As taxas não mudaram um único ponto-base pelos sete anos seguintes. Os papéis de três meses do Tesouro permaneceram abaixo de 2% até meados da década de 1950.

A razão explícita para manter baixas essas taxas era reduzir o custo do financiamento das despesas com a guerra, equivalentes a 6 trilhões de dólares. Mas as taxas baixas também fizeram algo diferente por todos os soldados que voltavam.

Elas tornaram os empréstimos para comprar casas, carros, eletrodomésticos e brinquedos muito baratos.

O que, do ponto de vista de um político paranoico, foi sensacional. O consumo se tornou uma estratégia econômica explícita nos anos logo após a Segunda Guerra.

Uma era de frugalidade e de estímulos à poupança para financiar a guerra rapidamente se transformou em uma era de promoção ativa de gastos. O historiador Sheldon Garon, de Princeton, escreveu:

> A partir de 1945, os Estados Unidos voltaram a divergir dos padrões de estímulo à poupança da Europa e do Leste Asiático. [...] Políticos, empresários e líderes trabalhistas encorajaram os americanos a gastar de modo a promover o crescimento econômico.[73]

Duas coisas alimentaram esse impulso.

Um foi o G.I. Bill, um conjunto de medidas de apoio aos ex--combatentes, que oferecia condições de hipotecas jamais vistas. Dezesseis milhões de veteranos podiam comprar uma casa, muitas vezes sem entrada, sem juros ao longo do primeiro ano, e por taxas fixas tão baixas que o valor da hipoteca às vezes era menor do que o preço de um aluguel. A segunda foi uma explosão do crédito ao consumidor, possibilitada pelo afrouxamento das regulamentações da era da Depressão. O primeiro cartão de crédito foi lançado em 1950. Crédito na loja, crédito parcelado, empréstimos pessoais, empréstimos consignados — tudo isso foi lançado. E, na época, os juros sobre todas as dívidas, incluindo os dos cartões de crédito, eram dedutíveis do imposto de renda.

Tinha um sabor incrível. Logo, fartamo-nos de comer. Uma história simples em uma tabela simples:

Ano	Dívida total dos lares americanos (em US$)
1945	29,4 bilhões
1955	125,7 bilhões
1965	331,2 bilhões

A dívida das famílias na década de 1950 cresceu 1,5 vez mais rápido do que durante o *boom* da dívida dos anos 2000.

3. A demanda reprimida por produtos, alimentada por um *boom* de crédito e um *boom* de produtividade oculto na década de 1930, provocou um *boom* econômico.

A década de 1930 foi a década econômica mais difícil da história americana. Mas surgiu ali uma fresta de esperança que levou duas décadas para ser notada: por questões de necessidade, a Grande Depressão havia impulsionado a eficiência, a produtividade e a inovação.

O *boom* de produtividade dos anos 1930 não chamou muita atenção, porque estavam todos focados no estado lamentável da economia. Também não chamou muita atenção nos anos 1940, porque estavam focados na guerra.

Então chegou a década de 1950, e de repente todo mundo se deu conta: "Uau, temos algumas novas invenções incríveis. E sabemos produzi-las muito bem."

Eletrodomésticos, carros, telefones, ar-condicionado, eletricidade.

Era quase impossível comprar a maior parte dos aparelhos domésticos durante a guerra, porque as fábricas haviam sido adaptadas para produzir armas e navios. Isso criou uma demanda reprimida por bons aparelhos entre os soldados ao final da guerra. Casados, ansiosos para seguir com a vida e encorajados pelo crédito barato para o consumidor, eles começaram a fazer compras de uma forma nunca antes vista.

Frederick Lewis Allen escreveu em seu livro *The Big Change* [A grande mudança, em tradução livre]:

> Durante os anos do Pós-Guerra, o fazendeiro comprou um novo trator, uma nova colheitadeira de milho, uma nova ordenhadeira elétrica; na verdade, ele e seus vizinhos, juntos, compraram um conjunto incrível de máquinas agrícolas para uso comum. A esposa do fazendeiro ganhou a geladeira elétrica branca e reluzente que sempre havia desejado, mas nunca durante a Grande Depressão tinha sido capaz de pagar, uma máquina de lavar moderna e um freezer. A família suburbana instalou um lava-louças e investiu em um cortador de grama elétrico. A família da cidade se tornou cliente da lavanderia e adquiriu um aparelho de televisão para a sala. O escritório do marido tinha ar-condicionado. E assim por diante.

É difícil explicar a dimensão desse crescimento.

A produção de carros comerciais e de caminhões praticamente parou de 1942 a 1945. Em seguida, 21 milhões de carros foram vendidos de 1945 a 1949. E mais 37 milhões até 1955.

Pouco menos de 2 milhões de casas foram construídas de 1940 a 1945. Em seguida, 7 milhões foram construídas de 1945 a 1950. E mais 8 milhões até 1955.

A demanda reprimida por bens e a nossa capacidade recém-descoberta de produzir esses bens criaram os empregos que colocaram os soldados de volta ao trabalho. E eram bons empregos. Junto isso ao crédito ao consumidor, e a capacidade que os americanos tinham para gastar disparou.

O Fed escreveu ao presidente Truman em 1951: "Em 1950, os gastos totais do consumidor, incluídos os gastos com habitação, chegaram a cerca de 203 bilhões de dólares, um crescimento de cerca de 40% em relação a 1944."[74]

A resposta para a pergunta "O que todos esses soldados vão fazer depois da guerra?" agora estava nítida. Eles iriam comprar bens usando o dinheiro que ganhavam em seus empregos produzindo bens impulsionados pelo baixo custo dos empréstimos para comprar ainda mais bens.

4. Os ganhos são compartilhados com mais igualdade do que nunca.

A característica definidora da economia na década de 1950 é que os Estados Unidos enriqueceram tornando os pobres menos pobres.

Os salários médios dobraram de 1940 a 1948, e dobraram novamente de 1948 a 1963.

E esses ganhos se concentraram naqueles que haviam sido deixados para trás décadas antes. A distância entre ricos e pobres diminuiu muito.

Lewis Allen escreveu em 1955:

> A enorme liderança dos ricos na corrida econômica foi reduzida consideravelmente.
>
> São os trabalhadores industriais que, enquanto grupo, se saem melhor — pessoas, a exemplo da família de um metalúrgico, que viviam com 2.500 dólares e agora recebem 4.500, ou a família de um operador de máquina altamente qualificado, que costumava ter 3 mil dólares e agora pode gastar 5.500 ou mais por ano.
>
> Em relação ao 1% do topo, os verdadeiramente abastados e os ricos, que poderíamos classificar como o grupo dos 16 mil dólares ou mais, sua participação na renda nacional total, deduzidos os impostos, havia caído de 13% para 7% em 1945.

Esta não foi uma tendência de curto prazo. De 1950 a 1980, a renda dos 20% mais pobres cresceu em um montante quase idêntico ao dos 5% mais ricos.

A igualdade ia além dos salários.

As mulheres trabalhavam fora de casa em número recorde. A taxa de participação delas na força de trabalho passou de 31% logo após a guerra para 37% em 1955 e 40% em 1965.

As minorias também ganharam. Após a posse de Franklin Roosevelt em 1945, sua esposa Eleanor escreveu, a respeito do que uma repórter negra lhe havia dito:

> Você percebe o que doze anos fizeram? Se no evento de 1933 várias pessoas negras tivessem se misturado com pessoas brancas

da maneira como fizeram hoje, todos os jornais do país teriam noticiado. Hoje nem mesmo achamos que isso seja notícia, e nenhum de nós vai mencionar esse fato.

Os direitos das mulheres e das minorias ainda eram uma fração do que são hoje. Mas o progresso em direção à igualdade no final dos anos 1940 e 1950 foi extraordinário.

O nivelamento das classes foi sinônimo de nivelamento dos estilos de vida. Pessoas normais dirigiam Chevrolets. Pessoas ricas dirigiam Cadillacs. A TV e o rádio equipararam o entretenimento e a cultura de que as pessoas desfrutavam, independentemente da classe social. Os catálogos de vendas pelo correio faziam com que as roupas que as pessoas usavam e os produtos que compravam fossem os mesmos, independentemente de onde morassem. A *Harper's Magazine* observou, em 1957:

> O rico fuma o mesmo tipo de cigarro que o pobre, faz a barba com o mesmo tipo de barbeador, usa o mesmo tipo de telefone, aspirador de pó, rádio e aparelho de TV, tem o mesmo tipo de iluminação e de aquecimento em casa, e assim por diante. As diferenças entre o automóvel dele e o do pobre são mínimas. Essencialmente, eles têm motores semelhantes, acessórios semelhantes. Nos primeiros anos do século, havia uma hierarquia em relação aos automóveis.

Em 2016, Paul Graham escreveu sobre o que algo tão simples, como haver apenas três estações de TV, fez em termos de equiparação cultural:

> Hoje é difícil de imaginar, mas, todas as noites, dezenas de milhões de famílias se sentavam juntas diante da TV para assistir

ao mesmo programa que seus vizinhos, ao mesmo tempo. O que acontece agora com o Super Bowl costumava acontecer todas as noites. Estávamos, literalmente, sintonizados.[75]

Isso foi muito relevante. As pessoas medem seu bem-estar em comparação com seus pares. E, durante a maior parte do período de 1945-1980, havia muitos colegas com quem se comparar. Muitas pessoas — a maioria delas — viviam vidas que eram iguais, ou pelo menos compreensíveis, para as outras ao seu redor. A ideia de que o dia a dia havia se igualado tanto quanto sua renda é um ponto importante desta história, e vamos voltar a ele.

5. A dívida aumentou absurdamente. Mas a renda também, então o impacto não foi grande coisa.

A dívida das famílias quintuplicou de 1947 a 1957 devido à combinação da nova cultura de consumo, novos produtos de crédito e taxas de juros subsidiadas por programas de governo e mantidas baixas pelo Fed.

Mas o crescimento da renda das famílias foi tão alto durante este período que o impacto não foi severo. E o endividamento das famílias estava muito baixo logo ao final da guerra. A Grande Depressão tinha acabado com boa parte dele, e os gastos das famílias foram tão reduzidos durante a guerra que não era fácil assumir dívidas. Portanto, o crescimento da dívida em relação à renda das famílias de 1947 a 1957 foi administrável.

A dívida das famílias em relação à renda hoje é de pouco mais de 100%. Mesmo depois de aumentar nas décadas de 1950, 1960 e 1970, estava abaixo de 60%.

O que impulsionou grande parte desse *boom* de endividamento foi um aumento repentino na compra da casa própria. A taxa de casa própria em 1900 era de 47%. Permaneceu exatamente assim pelas quatro décadas seguintes. De repente, disparou, atingindo 53% em 1945 e 62% em 1970. Uma parte substancial da população estava agora usando o crédito ao qual as gerações anteriores não tiveram acesso. E de modo geral estava tudo bem.

David Halberstam escreveu em seu livro *The Fifties* [Os anos 1950, em tradução livre]:

> Eles estavam confiantes em si mesmos e em seu futuro de uma forma que as pessoas que haviam crescido em tempos difíceis achavam impressionante. Eles não tinham medo de assumir dívidas, da mesma forma que seus pais. [...] Diferiam de seus pais não apenas no que ganhavam e no que possuíam, mas na crença de que o futuro já havia chegado. Como os primeiros proprietários de casa em suas famílias, eles compravam móveis ou eletrodomésticos com um entusiasmo e um orgulho inéditos — em outras gerações, os casais jovens só demonstravam tais sentimentos ao comprar roupas para o primeiro filho. Era como se a própria conquista de possuir uma casa refletisse um avanço tão grande que ela merecia tudo o que havia de melhor.

Agora é um bom momento para conectar alguns pontos, pois eles se tornarão cada vez mais importantes:
- Os Estados Unidos estão crescendo.
- Crescendo de forma *homogênea*, como nunca antes visto.
- Crescendo a partir do endividamento, o que não é um grande problema nesse momento, porque ainda é baixo em relação à renda e existe a cultura de que a dívida não é uma coisa assustadora.

6. As coisas começam a ruir.

O ano de 1973 foi o primeiro em que ficou nítido que a economia estava trilhando um novo caminho.

A recessão que começou naquele ano levou o desemprego ao nível mais alto desde a década de 1930.

A inflação disparou. Mas, ao contrário dos picos do Pós-Guerra, permaneceu alta.

As taxas de juros de curto prazo atingiram 8% em 1973, um aumento de 2,5% em relação a uma década antes.

E é preciso colocar tudo isso no contexto de quanto medo havia envolvendo a Guerra do Vietnã, as revoltas, e os assassinatos de Martin Luther King Jr. e de John e Bobby Kennedy.

Tudo ficou sombrio.

Os Estados Unidos haviam dominado a economia mundial pelas duas décadas seguintes à guerra. Muitos dos maiores países tinham toda sua capacidade de produção transformada em escombros. Mas, na virada da década de 1970, isso mudou. O Japão estava crescendo. A economia da China estava se abrindo. O Oriente Médio estava exercendo seu poder em relação ao petróleo.

A sorte que a Geração Grandiosa — endurecida pela Depressão e ancorada na cooperação sistemática da guerra — teve graças a uma combinação de vantagens econômicas e de uma cultura comum virou quando os Baby Boomers começaram a atingir a maioridade. Uma nova geração, que tinha uma visão diferente em relação ao que era o normal, estava chegando, ao mesmo tempo em que muitos dos ventos favoráveis da economia das duas décadas anteriores pararam de soprar.

Finanças se baseiam em dados *dentro do contexto das expectativas.* Uma das maiores mudanças do último século aconteceu quando os ventos econômicos começaram a soprar em uma direção diferente, e desigual, mas as expectativas das pessoas ainda estavam enraizadas em uma cultura de igualdade do Pós-Guerra. Não necessariamente igualdade de renda, embora ela existisse. Mas igualdade no estilo de vida e nas expectativas de consumo; a ideia de que alguém no meio da pirâmide não vive uma vida dramaticamente diferente de alguém que está nas camadas superiores. E que alguém no ponto mais alto vive uma vida melhor, mas ainda assim familiar para alguém que está no meio. Foi assim que os Estados Unidos funcionaram durante a maior parte do tempo no período de 1945 a 1980. Não importa se você acha que isso é moralmente certo ou errado. O que importa é que aconteceu.

Expectativas sempre mudam com mais lentidão do que os fatos. E os fatos econômicos do período entre o início dos anos 1970 e o início dos anos 2000 mostram que o crescimento continuou, mas se tornou mais desigual; entretanto, as expectativas das pessoas de que seu estilo de vida deveria ser comparado ao de seus pares não mudou.

7. O *boom* recomeça, mas é diferente do anterior.

Em 1984, no pronunciamento conhecido como "Morning in America", o então presidente Ronald Reagan declarou:

> É uma nova manhã nos Estados Unidos. Hoje, mais homens e mulheres vão trabalhar do que jamais visto na história do nosso país. Com taxas de juros em cerca de metade do recorde de 1980, quase 2 mil famílias hoje comprarão novas casas, mais do que em qualquer momento dos últimos quatro anos. Esta tarde, 6.500 rapazes e moças se casarão e, com a inflação abaixo da

metade do que era há apenas quatro anos, eles poderão mirar confiantes o futuro.

Não era exagero. O crescimento do PIB havia sido o maior desde a década de 1950. Em 1989, havia 6 milhões de americanos desempregados a menos do que sete anos antes. O S&P 500 aumentou quase quatro vezes de valor entre 1982 e 1990. O crescimento total do PIB na década de 1990 foi aproximadamente igual ao da década de 1950: 40%, contra 42%.

O presidente Clinton se gabou em seu Discurso sobre o Estado da União de 2000:

> Entramos no novo século com mais de 20 milhões de novos empregos; o crescimento econômico mais rápido em mais de trinta anos; as menores taxas de desemprego em trinta anos; as taxas de pobreza mais baixas em vinte anos; as menores taxas de desemprego entre negros e latinos já registradas; os primeiros superávits consecutivos em 42 anos; e, no próximo mês, os Estados Unidos alcançarão o período de crescimento econômico mais longo de toda a nossa história. Nós construímos uma nova economia.

A última frase dele é relevante. Era mesmo uma *nova* economia. A maior diferença entre a economia do período 1945-1973 e a do período 1982-2000 foi que a mesma quantidade de crescimento encontrou seu caminho rumo a bolsos totalmente distintos.

Você provavelmente já ouviu esses números, mas vale a pena relembrá-los. A revista *The Atlantic* publicou:

> Entre 1993 e 2012, o 1% do topo viu sua renda crescer 86,1%, enquanto os 99% da base tiveram um crescimento de apenas 6,6%.

Joseph Stiglitz escreveu em 2011:

> Embora o 1% do topo tenha visto sua renda aumentar 18% na última década, os que estão no meio viram sua renda cair. Para os homens com apenas o ensino médio, o declínio foi vertiginoso — 12% somente no último quarto de século.

Foi quase o oposto da aproximação que ocorreu no Pós-Guerra.

Os motivos pelos quais isso aconteceu é um dos debates mais ferozes da economia, superado apenas pelo debate sobre o que devemos fazer a respeito. Nossa sorte é que, para o propósito deste livro, nenhum dos dois importa.

O que importa é que a desigualdade acentuada se tornou algo presente ao longo dos últimos 35 anos, um período em que, culturalmente, os americanos estavam apegados a duas noções enraizadas na economia desde o Pós-Guerra: que todo mundo deve ter um estilo de vida semelhante e que assumir dívidas para financiar esse estilo de vida é algo normal.

8. Um passo maior que a perna.

O crescimento da renda de um pequeno grupo de americanos provocou uma ruptura no estilo de vida desse grupo.

Eles compraram casas maiores, carros melhores, frequentaram escolas caras e tiraram férias em lugares chiques.

E todo mundo estava vendo — todos eram alimentados pela indústria publicitária durante os anos 1980 e 1990, e pela internet depois disso.

O estilo de vida de uma pequena parcela de americanos verdadeiramente ricos começou a jogar para cima as aspirações da maior parte da população, cuja renda não estava aumentando.

Uma cultura de igualdade e união que surgiu entre os anos 1950 e 1970 inocentemente se transformou em uma cultura de competição com os vizinhos.

Agora ficou nítido em que ponto está o problema.

Joe, um banqueiro de investimentos que ganha 900 mil dólares por ano, compra uma mansão de quatrocentos metros quadrados com duas Mercedes na garagem e manda três de seus filhos para a Universidade Pepperdine. Ele pode pagar por tudo isso.

Peter, um gerente de banco que ganha 80 mil por ano, olha para Joe e tem a sensação subconsciente de ter o direito de viver um estilo de vida semelhante, porque os pais de Peter acreditavam — e instilaram essa crença nele — que os estilos de vida dos americanos não eram muito diferentes uns dos outros, ainda que seus empregos fossem. Seus pais estavam certos na época deles, porque todos os rendimentos estavam distribuídos dentro de uma mesma faixa. Mas isso ficara no passado. Peter vive em um mundo diferente. No entanto, suas expectativas não mudaram muito em relação às dos seus pais, apesar de os fatos terem mudado.

Então, o que Peter faz?

Ele faz uma hipoteca enorme. Contrai 45 mil dólares em dívidas nos seus cartões de crédito. Financia dois carros. Seus filhos vão se formar graças a pesados financiamentos estudantis. Ele não pode pagar pelas coisas que Joe pode, mas é pressionado a buscar o mesmo estilo de vida. É um passo maior que a perna.

Isso teria parecido absurdo na década de 1930.

Mas passamos 75 anos desde o fim da guerra promovendo a aceitação cultural do endividamento familiar.

Durante uma época em que os salários médios permaneceram estáveis, a nova casa média americana passou a ser 50% maior.

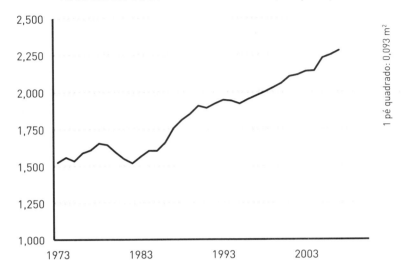

Área média da nova casa americana (em pés quadrados)

A nova casa média americana tem mais banheiros do que moradores. Quase metade tem quatro ou mais quartos, contra 18% em 1983.

O valor médio do empréstimo para compra de carros, ajustado pela inflação, mais do que dobrou entre 1975 e 2003, passando de 12.300 para 27.900 dólares.

E você já sabe o que aconteceu com os custos da faculdade e dos empréstimos estudantis.

A dívida das famílias em relação à renda permaneceu praticamente estável de 1963 a 1973. Depois, subiu ininterruptamente, de cerca de 60% em 1973 para mais de 130% em 2007.

Mesmo com a queda das taxas de juros do início dos anos 1980 até o ano de 2020, a porcentagem da renda destinada ao pagamento de dívidas aumentou. E esse aumento ocorreu principalmente nas camadas de baixa renda. A parcela da renda destinada ao pagamento de dívidas e financiamentos é de pouco mais de 8% nos grupos de alta renda, mas de mais de 21% entre aqueles com rendimentos abaixo da média.

A diferença entre esta dívida crescente e o aumento da dívida ocorrido durante os anos 1950 e 1960 é que o salto recente começou de uma base alta.

O economista Hyman Minsky descreveu assim o início das crises de endividamento:

> O momento em que as pessoas contraem mais dívidas do que são capazes de pagar. É um momento sofrido, difícil. É como o Coiote, depois de perseguir o Papa-léguas, olhando para baixo, percebendo que está ferrado, e despencando vertiginosamente.

O que, é claro, foi o que aconteceu em 2008.

9. Depois que um paradigma é estabelecido, é muito difícil revertê-lo.

O endividamento caiu bastante depois de 2008. E, então, as taxas de juros despencaram. O percentual da renda das famílias dedicado ao pagamento de dívidas está agora no nível mais baixo em 35 anos.

Mas a reação a 2008, por mais necessária que tenha sido, perpetuou algumas das tendências que provocaram esse cenário.

A flexibilização quantitativa evitou o colapso econômico e impulsionou os preços dos ativos, uma vantagem para aqueles que os detinham — majoritariamente os ricos.

O Fed protegeu a dívida corporativa em 2008. Isso ajudou aqueles que possuíam esse tipo de dívida — majoritariamente os ricos.

Os cortes de impostos dos últimos vinte anos afetaram predominantemente aqueles com rendas mais altas. Pessoas com renda mais alta mandam seus filhos para as melhores universidades. Esses filhos podem continuar a ter uma renda mais alta, investir em dívidas corporativas que serão sustentadas pelo Fed, possuir ações que serão sustentadas por várias políticas governamentais e assim por diante.

Nenhuma dessas coisas são um problema em si, e é por isso que permanecem como estão.

Mas elas são um sintoma da coisa mais relevante que aconteceu desde o início dos anos 1980: a economia funciona melhor para algumas pessoas do que para outras. O sucesso não é tão meritocrático como costumava ser, e, quando conquistado, é recompensado com ganhos mais altos do que em épocas anteriores.

Você não precisa ter uma opinião formada em relação a isso. E, mais uma vez, para esta história, os motivos não importam.

O que realmente importa é o *fato de que tenha acontecido*, e de que isso fez com que a economia fosse deixando de atender as expectativas estabelecidas no Pós-Guerra: a existência de uma ampla classe média sem desigualdade sistemática, na qual seus vizinhos vivem uma vida muito parecida com a sua.

Parte da razão pela qual essas expectativas continuam vivas 35 anos depois de terem se afastado da realidade ocorre porque elas pareciam muito boas para várias pessoas quando eram válidas. Coisas tão boas — ou pelo menos com a impressão de serem tão boas — não são fáceis de abandonar.

Logo, as pessoas não abrem mão delas. Elas as querem de volta.

10. O Tea Party, o movimento Occupy Wall Street, o Brexit e Donald Trump representam, cada um, um grupo gritando: "Pare o trem que eu quero descer."

Cada grito tem suas particularidades, mas estão todos gritando — pelo menos em parte — porque as coisas não estão funcionando para eles dentro do contexto da expectativa do Pós-Guerra de que as coisas devam funcionar quase que da mesma forma para quase todo mundo.

Você pode achar que é raso associar a ascensão de Trump simplesmente à desigualdade. E está certo. Esses fenômenos possuem sempre muitas camadas. Mas é uma parte fundamental do que leva as pessoas a pensar: "Não vivo no mundo em que esperava viver. Isso me irrita. Então, que se dane. Sai da minha frente! Vou lutar por algo totalmente diferente, porque isso aqui — seja lá o que for — não está funcionando."

Pegue essa mentalidade e multiplique-a pelo poder do Facebook, do Instagram e dos noticiários — em que as pessoas ficam mais cientes do que nunca de como os outros vivem. É jogar gasolina na fogueira. Benedict Evans diz: "Quanto mais a internet expõe as pessoas a novos pontos de vista, mais as pessoas ficam furiosas com a existência de diferentes pontos de vista." Essa é uma grande mudança de paradigma em relação à economia do Pós-Guerra, quando a gama de opiniões econômicas era menor, tanto porque a gama real de resultados era menor quanto porque não era tão fácil saber o que os outros pensavam ou como viviam.

Não sou pessimista. A economia é a história dos ciclos. As coisas vêm e vão.

A taxa de desemprego hoje, nos Estados Unidos, é a mais baixa das últimas décadas. Os salários estão agora crescendo mais rápido para trabalhadores de baixa renda do que para os ricos.⁷⁶ Os custos das universidades em geral pararam de crescer depois que os subsídios foram implementados.⁷⁷ Se todo mundo analisasse os avanços feitos nas áreas da saúde, da comunicação, dos transportes e dos direitos civis desde os gloriosos anos 1950, meu palpite é de que a maioria não ia querer voltar para lá.

Mas um tema central dessa história é que as expectativas mudam de maneira mais lenta do que a realidade. Isso é válido quando observamos como as pessoas continuaram afeitas às expectativas dos anos 1950 à medida que a economia foi mudando nos 35 anos seguintes. E, ainda que um *boom* da classe média tivesse início hoje, a expectativa de que as probabilidades estão contra todo mundo exceto contra aqueles que estão no topo pode continuar viva.

Portanto, talvez a era do "isso não está funcionando" não vá embora.

E a era do "precisamos de algo radicalmente novo, agora, não importa o que seja" pode perdurar.

O que, de certa forma, é parte do que dá início a eventos que provocam coisas como a Segunda Guerra, que foi o ponto de partida desse pós-escrito.

A história é uma sucessão de fatos.

NOTAS

1. J. Pressler, "Former Merrill Lynch Executive Forced to Declare Bankruptcy Just to Keep a $14 Million Roof Over His Head", revista *New York* (9 de abril de 2010).
2. Ibid.
3. L. Thomas Jr., "The Tale of the $8 Million 'Bargain' House in Greenwich", *The New York Times* (25 de janeiro de 2014).
4. U. Malmendier, S. Nagel, "Depression Babies: Do Macroeconomic Experiences Affect Risk-Taking?" (agosto de 2007).
5. "How large are 401(k)s?", Investment Company Institute (dezembro de 2019).
6. R. Butler, "Retirement Pay Often Is Scanty", *The New York Times* (14 de agosto de 1955).
7. "Higher education in the United States", Wikipédia.
8. K. Bancalari, "Private college tuition is rising faster than inflation again", *USA Today* (9 de junho de 2017).
9. "How Many People Die Rock Climbing?" The Rockulus.
10. A. T. Vanderbilt II, *Fortune's Children: The Fall of the House of Vanderbilt* (William Morrow Paperbacks, 2012).
11. D. McDonald, "Rajat Gupta: Touched by scandal", *Fortune* (1º de outubro de 2010).
12. "Did millionaire Rajat Gupta suffer from billionaire envy?" *The Economic Times* (27 de março de 2011).
13. J. Nicas, "Facebook Connected Her to a Tattooed Soldier in Iraq. Or So She Thought", *The New York Times* (28 de julho de 2019).
14. T. Maloney, "The Best-Paid Hedge Fund Managers Made $7.7 Billion in 2018", Bloomberg (15 de fevereiro de 2019).
15. S. Weart, "The Discovery of Global Warming", history.aip.org/climate/cycles.htm (janeiro de 2020).
16. S. Langlois, "From $6,000 to $73 billion: Warren Buffett's wealth through the ages", MarketWatch (6 de janeiro de 2017).
17. D. Boudreaux, "Turnover in the Forbes 400, 2008—2013", Cafe Hayek (16 de maio de 2014).
18. M. Pabrai, www.youtube.com/watch?time_continue=200&v=YmmIbrKDYbw.
19. "Art Dealers: The Other Vincent van Gogh", Horizon Research Group (junho de 2010).

20. www.collaborativefund.com/uploads/venture-returns.png
21. "The Agony and the Ecstasy: The Risks and Rewards of a Concentrated Stock Position", Eye on the Market, J.P. Morgan (2014).
22. L. Eadicicco, "Here's Why You Probably Won't Get Hired At Google", Business Insider (23 de outubro de 2014).
23. "What is the offer acceptance rate for Facebook software engineering positions?" Quora.com.
24. W. Fulton, "If You Want to Build a Great Team, Hire Apple Employees", *Forbes* (22 de junho de 2012).
25. J. Berger, "How to Change Anyone's Mind", *The Wall Street Journal* (21 de fevereiro de 2020).
26. D. Sivers, "How I got rich on the other hand", sivers.org (30 de outubro de 2019).
27. N. Chokshi, "Americans Are Among the Most Stressed People in the World, Poll Finds", *The New York Times* (25 de abril de 2019).
28. Russell Sage Foundation — Chartbook of Social Inequality.
29. D. Thompson, "Why White-Collar Workers Spend All Day at the Office", *The Atlantic* (4 de dezembro de 2019).
30. "Rihanna's ex-accountant fires back", News24 (24 de março de 2014).
31. B. Mann, "Want to Get Rich and Stay Rich?" The Motley Fool (7 de março de 2017).
32. "U.S. energy intensity projected to continue its steady decline through 2040", U.S. Energy Information Administration (1º de março de 2013).
33. Julius Wagner-Jauregg — Biographical, nobelprize.org.
34. J. M. Cavaillon, "Good and bad fever", *Critical Care* 16:2 (2012).
35. "Fever — Myths Versus Facts", Seattle Children's.
36. J. J. Ray, and C. I. Schulman, "Fever: suppress or let it ride?" *Journal of Thoracic Disease* 7:12 (2015).
37. A. LaFrance, "A Cultural History of the Fever", *The Atlantic* (16 de setembro de 2015).
38. J. Zweig, "What Harry Markowitz Meant", jasonzweig.com (2 de outubro de 2017).
39. L. Pleven, "In Bogle Family, It's Either Passive or Aggressive", *The Wall Street Journal* (28 de novembro de 2013).
40. C. Shapiro and M. Housel, "Disrupting Investors' Own Game", The Collaborative Fund.
41. www.bylo.org
42. Washington State University, "For pundits, it's better to be confident than correct", ScienceDaily (28 de maio de 2013).
43. "Daniel Kahneman's Favorite Approach For Making Better Decisions", Farnham Street (janeiro de 2014).
44. W. Buffett, Letter to the Shareholders of Berkshire Hathaway Inc. (2008).
45. W. Buffett, Letter to the Shareholders of Berkshire Hathaway Inc. (2006).
46. B. Plumer, "Only 27 percent of college grads have a job related to their major", *The Washington Post* (20 de maio de 2013).

47   G. Livingston, "Stay-at-home moms and dads account for about one-in-five U.S. parents", Pew Research Center (24 de setembro de 2018).
48   D. Gilbert, "The psychology of your future self", TED2014.
49   J. Zweig, "What I Learned From Daniel Kahneman", jasonzweig.com (30 de março de 2014).
50   J. Ptak "Tactical Funds Miss Their Chance", Morningstar (2 de fevereiro de 2012).
51   R. Kinnel, "Mind the Gap 2019", Morningstar (15 de agosto de 2019).
52   M. Desmond. "Accounting Tricks Catch Up With GE", *Forbes* (4 de agosto de 2009).
53   A. Berenson, "Freddie Mac Says It Understated Profits by Up to $6.9 Billion", *The New York Times* (25 de junho de 2003).
54   "U.S. Home Flipping Rate Reaches a Nine-Year High in Q1 2019", Attom Data Solutions (4 de junho de 2019).
55   A. Osborn, "As if Things Weren't Bad Enough, Russian Professor Predicts End of U.S.", *The Wall Street Journal* (29 de dezembro de 2008).
56   "Food in the Occupation of Japan", Wikipédia.
57   J. M. Jones, "U.S. Stock Ownership Down Among All but Older, Higher-Income", Gallup (27 de maio de 2017).
58   E. Rauchway, *The Great Depression and the New Deal: A Very Short Introduction* (Oxford University Press, 2008).
59   L. R. Brown, *Plan B 3.0: Mobilizing to Save Civilization* (W. W. Norton & Company, 2008).
60   FRED, Federal Reserve Bank of St. Louis.
61   "U.S. Crude Oil Production — Historical Chart", Macro Trends.
62   "Thomas Selfridge", Wikipédia.
63   www.nhlbi.nih.gov
64   D. Walsh, "The Tragedy of Saudi Arabia's War", *The New York Times* (26 de outubro de 2018).
65   B. Pisani, "Active fund managers trail the S&P 500 for the ninth year in a row in triumph for indexing", CNBC (15 de março de 2019).
66   *2019 Investment Company Factbook*, Investment Company Institute.
67   "Minutes of the Federal Open Market Committee", Federal Reserve (30—31 de outubro de 2007).
68   www.nasa.gov
69   A. Ram, "Portfolio managers shun investing in own funds", *Financial Times* (18 de setembro de 2016).
70   K. Murray "How Doctors Die", Zócalo Public Square (30 de novembro de 2011).
71   B. Pisani, "Active fund managers trail the S&P 500 for the ninth year in a row in triumph for indexing", CNBC (15 de março de 2019).
72   "Treasury-Fed Accord", federalreservehistory.org.
73   S. Garon, "Beyond Our Means: Why America Spends While the World Saves", Federal Reserve Bank of St. Louis (1º de julho de 2012).
74   "Economic Report of the President", FRASER, St. Louis Federal Reserve (1951).

75 P. Graham, "The Refragmentation", paulgraham.com (2016).
76 P. Davidson, "Jobs in high-wage industries are growing fastest", *USA Today* (14 de dezembro de 2019).
77 R. Channick, "Average college costs flat nationwide, at just under $15K, as universities increase grants", *Chicago Tribune* (16 de outubro de 2018).

AGRADECIMENTOS

Como acontece com todo o livro, não teria sido possível escrever *A psicologia financeira* sem a ajuda de inúmeras pessoas ao longo do caminho. São tantas que é impossível listar todas. Mas algumas foram especialmente importantes:

Brian Richards, que apostou em mim antes de mais ninguém.

Craig Shapiro, que apostou em mim mesmo sem ter a menor obrigação de fazê-lo.

Gretchen Housel, cujo apoio é inabalável.

Jenna Abdou, que ajuda sem pedir nada em troca.

Craig Pearce, que me incentiva, que me orienta e me apoia.

Jamie Catherwood, Josh Brown, Brent Beshore, Barry Ritholtz, Ben Carlson, Chris Hill, Michael Batnick, James Osorne, cujo feedback foi inestimável.

Obrigado.

Este livro foi impresso pela Braspor, em 2025, para a
Harper Business. A fonte do miolo é Janson MT Std.
O papel do miolo é Snowbright 60g/m^2
e o da capa é cartão 250g/m^2.